葛光辉　著

MA RUICHEN
《MAOSHI ZHUAN JIAN TONGSHI》
SHENGXUN YANJIU

马瑞辰
《毛诗传笺通释》
声训研究

暨南大学出版社
JINAN UNIVERSITY PRESS

中国·广州

图书在版编目（CIP）数据

马瑞辰《毛诗传笺通释》声训研究/葛光辉著 . —广州：暨南大学出版社，2023.9
ISBN 978 - 7 - 5668 - 3776 - 9

Ⅰ.①马…　Ⅱ.①葛…　Ⅲ.①《诗经》—声训—研究
Ⅳ.①H13②I207.222

中国国家版本馆 CIP 数据核字（2023）第 177654 号

马瑞辰《毛诗传笺通释》声训研究
MA RUICHEN《MAOSHI ZHUAN JIAN TONGSHI》SHENGXUN
YANJIU
著　者：葛光辉

···

出 版 人：张晋升
责任编辑：黄　球　朱良红
责任校对：刘舜怡　潘舒凡　梁安儿　王雪琳
责任印制：周一丹　郑玉婷

出版发行：暨南大学出版社（511443）
电　　话：总编室（8620）37332601
　　　　　营销部（8620）37332680　37332681　37332682　37332683
传　　真：（8620）37332660（办公室）　37332684（营销部）
网　　址：http：//www.jnupress.com
排　　版：广州良弓广告有限公司
印　　刷：佛山市浩文彩色印刷有限公司
开　　本：787mm×960mm　1/16
印　　张：11.5
字　　数：158 千
版　　次：2023 年 9 月第 1 版
印　　次：2023 年 9 月第 1 次
定　　价：49.80 元

目 录
CONTENTS

第一章 绪 论

第一节 马瑞辰《毛诗传笺通释》声训研究现状及其不足

梁启超曾说："到嘉道间，才先后出现三部名著：一、胡墨庄（承珙）的《毛诗后笺》；二、马元伯（瑞辰）的《毛诗传（笺）通释》；三、陈硕甫（奂）的《诗毛氏传疏》。胡、马皆毛、郑并释，陈则专于毛；胡、马皆有新解方标专条，无者阙焉，陈氏则纯为义疏体，逐字逐句训释。三书比较，胡、马贵宏博而陈尚谨严，论者多以陈称最。"① 今天的学者对此三大名著的认识，与梁启超稍有不同，以马瑞辰《毛诗传笺通释》② 称最者盖占主流。

《通释》一书在诗经学和训诂学上有着重要地位。《诗经》文字古奥，如果没有古代训诂学家的努力，今天的人们几乎无法卒读。古代典籍对文字的使用较为随意，通假现象极其普遍，若无声训，误读亦将非常严重。因此，《通释》是一部值得探讨的诗经学和训诂学名著。以现代学术眼光对马氏《通释》进行审视，实则肇始于二

---

① 梁启超著，汤志钧、汤仁泽编：《梁启超全集·第十二集·中国近三百年学术史》，北京：中国人民大学出版社，2018 年，第 474 页。

② 本书马瑞辰简称"马氏"，《毛诗传笺通释》简称"《通释》"。下文不再出注。

十世纪九十年代。三十年来，有关马氏及其《通释》的研究并未取得突破性进展，且主要为硕士研究生当作毕业论文选题进行研究①，主要体现在以下几方面：马瑞辰生平交游及著述研究、《通释》版本校勘研究、《通释》体例内容研究、《通释》训诂学研究、马瑞辰诗学理论研究，以及其他方面的研究。

一、马瑞辰生平交游及著述研究

马瑞辰的生平在《清史稿·儒林传》中有记载，但马氏无文集流传。关于其生卒年学术界有异议。何海燕有《马瑞辰生卒年考辨》② 一文，考辨其生卒年当为 1777 年、1853 年。后又有任树民《〈毛诗传笺通释〉成书过程及马瑞辰生年考——兼与何海燕博士商榷》③ 一文，通过其与姚莹的交游这一"二重证据"坐实马氏生于1777 年，卒于 1853 年。此外，任树民还撰写了一系列文章论述马氏的生平与履历，如《马瑞辰、姚莹交游考述》④、《马瑞辰谪戍东北考辨》⑤、《马瑞辰掌教白鹿洞书院考辨》⑥、《马瑞辰与胡承珙交游考》⑦ 等一系列考辨文章，弥补历史文献的阙载，为我们更全面地认识马氏其人其事提供了很大帮助。此外，他还考述了《通释》的成书过程，其《〈毛诗传笺通释〉成书过程及马瑞辰生年考——兼与何海燕博士商榷》一文，在考察马氏生平经历的基础上，勘正了

---

① 笔者以"中国知网"所收录的情况来看，2006 年至今，共有十篇硕士学位论文、一篇博士学位论文以此相关内容进行研究。

② 何海燕：《马瑞辰生卒年考辨》，《中国典籍与文化》，2009 年第 3 期。

③ 任树民：《〈毛诗传笺通释〉成书过程及马瑞辰生年考——兼与何海燕博士商榷》，《兰州学刊》，2011 年第 7 期。

④ 任树民：《马瑞辰、姚莹交游考述》，《宜宾学院学报》，2012 年第 1 期。

⑤ 任树民、李秋：《马瑞辰谪戍东北考辨》，《黄河科技大学学报》，2010 年第 3 期。

⑥ 任树民：《马瑞辰掌教白鹿洞书院考辨》，《山东青年政治学院学报》，2011 年第 3 期。

⑦ 任树民：《马瑞辰与胡承珙交游考》，《绥化学院学报》，2011 年第 5 期。

马氏《自序》中交代的成书过程。另一文《〈毛诗传笺通释〉与〈毛诗解谊〉》①，通过比较从胡承珙的《复马元伯同年书》中辑录的《毛诗解谊》的文本条目与《通释》条目，得出《毛诗解谊》并非一部佚失之著，而是《通释》前身的结论。另有于春莉《桐城经学家马瑞辰交游考述》②、《桐城经学家马瑞辰著述考》③ 等文，从不同角度进行考证。经上述学者的努力，我们对马氏的生平交游及其著述的大致情况，已获得较为明确的了解。

二、《通释》版本校勘研究

目前尚无《通释》版本研究的专文，有关论文涉及于此的亦不多见，所见仅吕莎莎的硕士学位论文《马瑞辰及其〈毛诗传笺通释〉研究》④ 有"《毛诗传笺通释》及其版本考"一章，列举《通释》的六个版本，即学古堂刻本、光绪年间王先谦等人编录的《皇清经解续编》本、广雅书局本、《经学辑要》本、《四部备要》本以及 1989 年中华书局标点排印本，并且指出《皇清经解续编》本、广雅书局本均来自学古堂初刻本，而中华书局本又是以广雅书局刻本为底本、以《皇清经解续编》本为校本校改标点排印的，《四部备要》本是以《皇清经解续编》本为底本进行校改重印的。目前也还没有专门对《通释》进行校勘，并形成校勘记的研究成果。对其考订的有孔德凌的《〈毛诗传笺通释〉勘误八则》⑤ 一文，以中华书局1998 年出版的《清人注疏十三经》中的《毛诗传笺通释》为底本进行校勘。该文主要指出《通释》三方面的错误：一是引文出处之误，

① 任树民：《〈毛诗传笺通释〉与〈毛诗解谊〉》，《文献》，2012 年第 3 期。

② 于春莉：《桐城经学家马瑞辰交游考述》，《兰台世界》，2016 年第 8 期。

③ 于春莉：《桐城经学家马瑞辰著述考》，《安庆师范学院学报》（社会科学版），2015 年第 3 期。

④ 吕莎莎：《马瑞辰及其〈毛诗传笺通释〉研究》，山东大学硕士学位论文，2011 年。

⑤ 孔德凌：《〈毛诗传笺通释〉勘误八则》，《图书馆理论与实践》，2010 年第 5 期。

二是字之误，三是《传》《笺》相混之误。季旭昇在《诗经古义新证》① 一书中，就《通释》利用金石来论证《诗经》文本的一些得失进行了详细的阐述。滕志贤在《〈诗经〉与训诂散论》中指出"《通释》精义固多，也还存在着缪戾"②，并从声训、义训、语法、校勘四个部分系统分析了马氏注诗之误。《通释》一书成书相对较晚，故其版本校勘问题并不突出。

三、《通释》体例、内容研究

有关《通释》体例、内容研究的论文很多。其体例的研究，如何海燕《清代〈诗经〉学研究》一书，其中一节专论《通释》，便包含其体例的研究，主要有以下两方面：首先是摘句论说，《通释》有别于其他新疏体例，并非逐词逐句进行疏释，而是没有新解则不立说，一般是先列诗句，次列《传》《笺》，其间或有省略《传》《笺》者，或有插入《正义》《释文》者。其次是按语的安排，陈己说时，往往以"瑞辰按"三字起始，或先陈观点，再引其他文献论证；或先引他说而总结概括，有待商榷之处，则只列异说而不擅自揣测。③ 另外，尚有一些硕士论文亦有对其体例的总结。多有类似，不再赘述。有关《通释》内容的研究，较早的有戴建华《读〈毛诗传笺通释〉》④ 一文，其中涉及内容的部分有两方面：一是申明《传》《笺》之意，二是纠驳《传》《笺》《正义》之失。这是研究《通释》内容的发端，后来研究《通释》内容者多在此框架内进行，不过更为精细而已。王承略、郭超颖《马瑞辰〈毛诗传笺通释〉的

---

① 季旭昇：《诗经古义新证》，北京：学苑出版社，2001 年。
② 滕志贤：《〈诗经〉与训诂散论》，上海：上海人民出版社，2008 年，第 55 页。
③ 参见何海燕：《清代〈诗经〉学研究》，北京：人民出版社，2011 年。
④ 戴建华：《读〈毛诗传笺通释〉》，《固原师专学报》，1995 年第 3 期。

内容体例与礼学价值》① 一文则将其内容体例与"礼"进行结合，另辟蹊径，挖掘较为深入。郭全芝有《清代〈诗经〉三家新疏异同》② 一文，将《通释》内容与另外两家，即陈奂之《诗毛氏传疏》、胡承珙之《毛诗后笺》进行对比研究，指出三家对《序》《传》的侧重不同，从而导致疏解的内容不同，进一步揭示马氏的解经内容，已逸出经学之藩篱，体现了探求语言内部规律的偏好。

四、《通释》训诂学研究

《通释》是一部训诂学著作，故对其训诂成就进行研究的成果特别丰富。从目前研究的情况来看，主要分为五部分：形训研究、声训研究、考据特点研究、语言学研究、内证研究。形训的研究主要揭示了《通释》运用省借原理、求其本义的释义方法，如翟宇君的《浅析〈毛诗传笺通释〉明通假的方法》③、程莹的《马瑞辰〈毛诗传笺通释〉的训诂特色》④ 等文都有所论及。

声训的研究则蔚为大观，论者几无不论及于此，或详或略。如夏春莲的硕士学位论文《〈毛诗传笺通释〉声训研究》⑤，对《通释》的声训条例从被训释字与训释字的语音关系加以说明，依据声训条例中使用术语的不同分节论述。再如丁晓丹的硕士学位论文《试析马瑞辰〈毛诗传笺通释〉中对假借字的论说》⑥，拟定评判假借的标

① 王承略、郭超颖：《马瑞辰〈毛诗传笺通释〉的内容体例与礼学价值》，《衡水学院学报》，2015 年第 6 期。

② 郭全芝：《清代〈诗经〉三家新疏异同》，《河北师范大学学报》（哲学社会科学版），2011 年第 2 期。

③ 翟宇君：《浅析〈毛诗传笺通释〉明通假的方法》，《忻州师范学院学报》，2008 年第 4 期。

④ 程莹：《马瑞辰〈毛诗传笺通释〉的训诂特色》，《乐山师范学院学报》，2007 年第 1 期。

⑤ 夏春莲：《〈毛诗传笺通释〉声训研究》，兰州大学硕士学位论文，2007 年。

⑥ 丁晓丹：《试析马瑞辰〈毛诗传笺通释〉中对假借字的论说》，陕西师范大学硕士学位论文，2006 年。

准，并以此标准对马氏所列的假借字进行考辨，归纳其得失。考辨内容主要为两个方面：首先是有些假借字不符合古音相同相近的原则；其次是有些假借字不符合借字与本字义无涉的原则，经分析实为同源词、古今字或异体字。此外，尚有李书良的《浅论因声求义法的使用——以〈毛诗传笺通释〉为例》①、洪文婷的《〈毛诗传笺通释〉析论》② 等，均指出《通释》以双声叠韵来训释词义这一方法。

对《通释》考据特点的研究目前尚不多见，单独设一章节进行论说的仅吕莎莎的硕士学位论文《马瑞辰及其〈毛诗传笺通释〉研究》，将《通释》一书的考据特点归纳为四个方面：一是以音韵、训诂通其假借，以《尔雅》《说文》等字书为主要依据；二是注重名物训诂；三是以金石学印证纸本文献；四是利用《诗经》结构释义。另有陈兵兵《敦煌〈毛诗〉写卷与马瑞辰〈毛诗传笺通释〉互证例释》③ 一文，将敦煌《毛诗》写卷异文和《毛诗传笺通释》之考证进行比较，论述《通释》一书考据的特点，并得出马氏所言《毛诗》本字确为本字的结论，同时指出马氏在破假借方面的失误。

《通释》语言学的研究，是《通释》作为清代新疏不同于其他新疏的独特方面，体现了近代语言学的倾向。孙良朋有《古籍译注依据句法结构释义的一范例——读马瑞辰〈毛诗传笺通释〉》④ 一文，归纳了马氏运用句法进行训释的六条规律。相宇剑有《〈毛诗传笺通释〉的修辞学贡献》⑤ 一文，运用现代修辞学眼光，认为《通

---

① 李书良：《浅论因声求义法的使用——以〈毛诗传笺通释〉为例》，《科教文汇》（中旬刊），2008 年第 3 期。
② 洪文婷：《〈毛诗传笺通释〉析论》，台北：文津出版社，1993 年。
③ 陈兵兵：《敦煌〈毛诗〉写卷与马瑞辰〈毛诗传笺通释〉互证例释》，《敦煌研究》，2019 年第 1 期。
④ 孙良朋：《古籍译注依据句法结构释义的一范例——读马瑞辰〈毛诗传笺通释〉》，《古籍整理研究学刊》，1993 年第 4 期。
⑤ 相宇剑：《〈毛诗传笺通释〉的修辞学贡献》，《景德镇高专学报》，2011 年第 1 期。

释》的修辞学成就主要体现在辞格方面，归纳整理了五条：一是倒文，二是复语，三是变文，四是类叠，五是对文。郭全芝的《〈毛诗传笺通释〉的语言研究倾向》① 一文，主要从词汇学角度加以探讨，归纳了五个方面：一是同源词的系连，二是同义词的辨析，三是多义词义项的罗列，四是词的本义或古义的解释，五是联绵词语音关系的揭示。该文最后指出马氏解经偏向语言，并非仅源于他个人的兴趣爱好，更重要的原因是经学内部的变化。郭氏还有《从经学到近代语言学的过渡——马瑞辰的〈毛诗传笺通释〉》② 一文，亦是从语言学角度进行论述。

尚有从整体上论述《通释》一书训诂特色的成果，如袁莹的硕士学位论文《马瑞辰〈毛诗传笺通释〉内证研究》③ 提出了"内证"一概念，较为新颖，指出"内证作为一种方法很早就被运用于训诂，但是并没有从理论上对内证进行专门研究的著述"。该文通过对《毛诗传笺通释》内证用例的分析，将内证分为七种类型，又从内证在语言文字方面的价值、内证对了解古代社会文化的作用、内证的校勘功用三个角度来考察马氏内证的作用。此文将《毛诗传笺通释》的训诂研究提升到一个新的层次，使人更清楚地了解马氏阐释经书的内在理路，对我们挖掘《通释》一书的价值具有一定作用。再如李玲玲的硕士学位论文《〈毛诗传笺通释〉训诂研究》④ 是从训诂角度全面研究《通释》的论文，该文归纳了《通释》的训诂方法，并对马氏申明和订正《毛传》《郑笺》《正义》的内容进行了分类，最后论述其存在的不足。田黎星《马瑞辰〈毛诗传笺通释〉的训诂方

① 郭全芝：《〈毛诗传笺通释〉的语言研究倾向》，《淮北煤炭师范学院学报》（哲学社会科学版），2003 年第 2 期。

② 郭全芝：《从经学到近代语言学的过渡——马瑞辰的〈毛诗传笺通释〉》，《古籍研究》，2015 年第 2 期。

③ 袁莹：《马瑞辰〈毛诗传笺通释〉内证研究》，北京师范大学硕士学位论文，2009 年。

④ 李玲玲：《〈毛诗传笺通释〉训诂研究》，吉首大学硕士学位论文，2012 年。

法与特点探析》① 一文分三个方面，论述《通释》一书的训诂特色。

五、马瑞辰的诗学理论研究

《通释》共三十二卷，卷一为杂考各说，汇集诗经学的一些基本问题。然而长期以来，研究者们多着眼于其文字训诂方面的成就，对其诗学理论不够重视。从目前的研究来看，已有学者开始关注马氏的诗学理论。李庆立、范知欧的《传统〈诗经〉学对怨诗的诠释与儒家"诗教"——以孔子、郑玄、朱熹、马瑞辰为例》②，何海燕的《清代〈诗经〉学研究》，郭全芝的《清代〈诗经〉三家新疏异同》对马氏关于《诗序》的态度均有所论及。众学者的主要观点是，马氏笃信《诗序》，其解诗重回以《序》解诗的老路。另外，孙向召有《马瑞辰〈诗经〉学研究》③ 一文，从"《诗》三百篇未有不可入乐者""《国风》编次可见盛衰兴废之理""南方古代诸侯国名号""三家《诗》与《毛诗》实异流同源"四个方面进行论述，从而指出马氏立论较前人或同时代人的论说更为合理精确。方芳有《马瑞辰〈诗〉学理论研究》④ 一文，选取杂考各说中具有代表性的见解进行分析研究，分别从"关于诗入乐""关于国风次序""关于周南召南"三方面进行梳理论证，从而肯定马氏《诗》学理论的价值，并且指出"《毛诗传笺通释》重视义理的阐述是一个显著优点，就其追求考据与义理的结合而言，生动体现了桐城学者固有的特色"。孙永娟的《〈郑笺〉对〈毛诗传笺通释〉的影响》⑤ 一文首先

---

① 田黎星：《马瑞辰〈毛诗传笺通释〉的训诂方法与特点探析》，《贵州大学学报》（社会科学版），2016 年第 5 期。

② 李庆立、范知欧：《传统〈诗经〉学对怨诗的诠释与儒家"诗教"——以孔子、郑玄、朱熹、马瑞辰为例》，《中国文学研究》，2005 年第 2 期。

③ 孙向召：《马瑞辰〈诗经〉学研究》，《宁夏师范学院学报》，2010 年第 5 期。

④ 方芳：《马瑞辰〈诗〉学理论研究》，《鸡西大学学报》，2011 年第 9 期。

⑤ 孙永娟：《〈郑笺〉对〈毛诗传笺通释〉的影响》，《北方论丛》，2008 年第 2 期。

论述《郑笺》在文学上的表现，进而指出《通释》受《郑笺》影响，在训释上也有文学上的表现：一是分析喻义，鞭辟入里；二是剖析词义，体会情感；三是指明兴义。于春莉《清代桐城学术文化与马瑞辰〈诗经〉学研究》① 一文，着眼于以学术流派来探讨马氏诗经学特点。何海燕、韩珂《〈毛诗传笺通释〉对〈诗经〉文学阐释的贡献》② 一文指出，马氏坚持以文本为核心的阐释理念，能够做到部分地还原《诗经》文学面貌。于春莉《论马瑞辰〈诗经〉研究的文学性》③ 一文指出，马氏训释字词，体现了《诗经》文学阐释和经学考证相互促进的关系。

另外，目前有学者开始关注马氏诗学理论以外的思想。如于春莉《从〈毛诗传笺通释〉看马瑞辰的治国思想》④ 一文，则从今文经学的角度对马氏政治思想进行探究，认为马氏在《诗经》的题旨和诗义的阐释中，透露其对治理国家和社会的深刻思考。于氏还有《论马瑞辰与晚清〈诗经〉学》⑤ 一文，指出晚清学者在《诗经》学研究方面对马瑞辰的重视程度不足，通过分析晚清学术专著对《毛诗传笺通释》的征引，探讨马氏对晚清《诗经》学的影响。

总之，关于马瑞辰及其《毛诗传笺通释》的研究，取得了一定成就，特别是对其训诂学价值给予了充分肯定。以上研究成果，或提出了一些新的论题，或对相关问题作出一定程度的阐述，为我们今后的研究工作奠定了坚实的基础。然而，在取得这些成绩的同时，亦有其不足，主要体现在以下三个方面。

---

① 于春莉：《清代桐城学术文化与马瑞辰〈诗经〉学研究》，《学术界》，2016 年第 3 期。

② 何海燕、韩珂：《〈毛诗传笺通释〉对〈诗经〉文学阐释的贡献》，《黔南民族师范学院学报》，2018 年第 3 期。

③ 于春莉：《论马瑞辰〈诗经〉研究的文学性》，《江淮论坛》，2018 年第 6 期。

④ 于春莉：《从〈毛诗传笺通释〉看马瑞辰的治国思想》，《淮北师范大学学报》（哲学社会科学版），2022 年第 2 期。

⑤ 于春莉：《论马瑞辰与晚清〈诗经〉学》，《巢湖学院学报》，2022 年第 4 期。

第一，目前的研究主要集中于《通释》训诂的研究，论者多偏向于发掘其训诂的特色与价值。最初对《通释》一书进行的研究，就是对其训诂特色的总结。这本是考据学著作的题中应有之义，然而这也仅是表层的体例、考据等方法的总结，并未挖掘出其训诂背后的学理。换句话说，《通释》一书的训诂在今天的语言文字学上的价值，并未被充分观照。因此，以今天的语言文字学水平重新打量《通释》，是很有必要的。

第二，《通释》一书在诗经学史上的地位举足轻重，是一部重要的诗经学文献，然而目前尚未见系统的、从文献学角度研究该书的专著。文献学是一切学术研究的基础，因此从文献学角度对其进行整体观照，便于学人形成对此部文献的全面认识，从而能够更好地利用它，并为《诗经》研究助力。当然，从文献学角度进行系统论述，易流于泛泛而谈，故须找到一个切入点，同时以文献学视角纵深推进。作为一部训诂学著作，且是清代考据学著作，《通释》训诂的最大特色便是声训，因此声训便可作为切入点。

第三，挖掘《通释》一书价值的成果颇丰，而论述其不足的却寥寥无几。任何学者都有时代局限性，马氏亦不例外。声训既可作为《通释》一书研究的切入点，同时也代表《通释》一书的特色。因此，探讨《通释》声训的不足，便把握住了整部书的不足。

基于目前学界对马氏《通释》的研究现状，并根据以上认识，笔者以"马瑞辰《毛诗传笺通释》声训研究"为题进行研究，在充分吸收已有成果的基础上，以期对此获得更进一步的研究。

第二节　声训概念辨正

声训一法起源甚早，导源于先秦，盛行于两汉，集大成于《释名》。然而，"声训"一名却直到清代才提出。江藩《经解入门》卷四："说经必先通训诂第二十三：……通古言，通古音，而古义无不通矣；知形训，知声训，而古训无不明矣。……'日，实也。''月，缺也。'此依声立训也。依声立训，于古书十居其九，如旬之为均也，音之为荫也，妃之为配也，平之为便也，皆以声为训也。"[1] 江藩所谓"声训"包括的内容很广，不仅包括用音同音近之词作训的条例，还包括破假借、一字多音、一词多义等现象。当一个名词术语第一次被提出时，其内涵往往受提出者个人的认识所限，而不能被完全揭示出来。江藩对声训的理解显然是有失科学性的。要想明确声训概念的内涵，须对古典文献中的训诂实践进行考察。经考察，笔者发现三个比较突出的特征：一是训释过程中体现声音上的联系，二是训释过程中分析字形，三是训释过程中既没有借助声音又没有借助字形。首先看第一种特征：

　　《周易·说卦》："乾，健也；坤，顺也；震，动也；巽，人也；坎，陷也；离，丽也；艮，止也；兑，说也。"[2]
　　《郑风·褰裳》："子不我思，岂无他士？"传："士，事也。"[3]
　　《说文》："天，颠也。至高无上。"[4]
　　《广雅疏证·释宫》："梯，阶也。"王念孙疏证："梯之言次第也。"[5]

　　在以上的训释过程中，训释词与被训释词均体现了声音上的联

　　① 江藩撰，周春健校注：《经解入门》，上海：华东师范大学出版社，2010 年，第81 页。
　　② 阮元校刻：《十三经注疏·周易正义》，北京：中华书局，1980 年，第 94 页。
　　③ 毛亨传，郑玄笺，孔颖达疏，朱杰人、李慧玲整理：《毛诗注疏》，上海：上海古籍出版社，2013 年，第 423 页。
　　④ 许慎撰，段玉裁注：《说文解字注》，上海：上海古籍出版社，1981 年，第 1 页。
　　⑤ 王念孙撰：《广雅疏证》，南京：江苏古籍出版社，1984 年，第 209 页。

系，即训释词与被训释词音同或音近。再看第二种特征：

《说文》："命，使也。从口令。"①

《周礼·大司徒》："一曰六德：知、仁、圣、义、忠、和。"郑玄注："忠，言以中心。"②

《诗·小雅·皇皇者华》笺："中和，谓忠信也。"疏："然于文，中心为忠，人言为信，是忠信、中和事理相类，故毛以忠信为中和。"③

王安石《字说》："诗制字从寺，九卿所居，国以致理，乃理法所也。"④

以上的训释过程都对被训释词的字形作了一定的分析。最后看第三种特征：

《尔雅·释诂》："询、度、咨、诹……，谋也。"⑤

《说文》："讲，和解也。"⑥

《诗·大雅·皇矣》："施于孙子。"笺："施犹易也，延也。"⑦

《说文》："祥，福也。"段玉裁注："凡统言则灾亦谓之祥。析

---

① 许慎撰，段玉裁注：《说文解字注》，上海：上海古籍出版社，1981年，第57页。

② 阮元校刻：《十三经注疏·周礼注疏·地官司徒第二》，北京：中华书局，1980年，第707页。

③ 毛亨传，郑玄笺，孔颖达疏，朱杰人、李慧玲整理：《毛诗注疏》，上海：上海古籍出版社，2013年，第805–806页。

④ 张宗祥辑录，曹锦炎点校：《王安石〈字说〉辑》，福州：福建人民出版社，2005年，第20页。

⑤ 阮元校刻：《十三经注疏·尔雅注疏》，北京：中华书局，1980年，第2569页。

⑥ 许慎撰，段玉裁注：《说文解字注》，上海：上海古籍出版社，1981年，第95页。

⑦ 毛亨传，郑玄笺，孔颖达疏，朱杰人、李慧玲整理：《毛诗注疏》，上海：上海古籍出版社，2013年，第1474页。

言则善者谓之祥。"①

以上的训释过程既未涉及字音，又无涉及字形，直接进行训释。根据这些训诂实践，前辈学者在构建现代训诂学理论时，把具有第一种特征的训诂称为声训，并为其下了各种不同的定义。然而直到今天，对"声训"这一概念的理解还存在着很大分歧。或认为声训是用来揭示语源，如王力说："声训，是以同音或音近的字作为训诂，这是古人寻求语源的一种方法。"② 或认为是解释词义，或认为是解释字义，如张永言说："声训又称'音训'，就是用音同或音近的字来解释字（词）义。"③ 郭在贻说："（声训）亦称音训，取声音相同或相近的字来解释字义。"④ 或认为等同于因声求义，如郭芹纳说："训诂学家在实践中发现，语音在词义的训释上起着重要的作用，因此，他们又往往用音同或者音近的字来训释词义，人们把这种方法称为'因声求义'或称为'声训'。"⑤ 还有人认为兼具揭示语源和解释词义的作用，等等。以上这些说法仅仅揭示了声训的一部分内涵。以今天语言文字学的发展来看，声训应有更为丰富的内涵。

首先看认为声训是用来揭示语源的说法。刘熙说："夫名之于实，各有义类，百姓日称而不知其所以之意，故撰天地、阴阳、四时、邦国、都鄙、车服、丧纪，下及民庶应用之器，论叙指归，谓之'释名'，凡二十七篇。至于事类，未能究备。"⑥《释名》以语词之间的语音关系为线索，来探讨事物的得名由来。汉代去古未远，

① 许慎撰，段玉裁注：《说文解字注》，上海：上海古籍出版社，1981 年，第 3 页。
② 王力：《同源字典》，北京：商务印书馆，1982 年，第 10 页。
③ 张永言：《训诂学简论》（增订本），上海：复旦大学出版社，2015 年，第 133 页。
④ 郭在贻：《训诂学》，长沙：湖南人民出版社，1986 年，第 64 页。
⑤ 郭芹纳：《训诂学》，北京：高等教育出版社，2017 年，第 56 页。
⑥ 刘熙撰，毕沅疏证，王先谦补，祝敏彻、孙玉文点校：《释名疏证补》，北京：中华书局，2021 年，释名序第 1 页。

汉人对"声"的认识大多合乎古音,《释名》的许多声训都是在音近义通的基础上进行的,因而较为可信。然亦不可避免有些说法过于主观,其中有些解释并没有求得语源。如"释言语"章节所述:"贪,探也,探取入他分也。"①"探"的词义特点是"深取",与"深"同源,与"贪"没有关系。虽其音近,但非同源。

方向东在《声训起源初探》一文中说:"先秦的声训,实际上是采用同音字重复的方式,进而解释这个字的某一特定含义。"② 这里的两个限制性定语"先秦""特定",使表述较为严密。此文并不认为先秦的声训具有揭示语源的作用,解释的只是"某一特定含义"而已,又进一步指出用这些同音字解释的目的是宣扬自己的哲学观和政治主张。音同音近的字并非都是同源字,这是由音义关系的复杂性决定的。一方面,一个语音单位有时候可以对应几个意义单位;另一方面,一个相同的意义也可以具有不同的语音。例如,从"工"声的字有"大"义,此外还可以有"红"义;表示"大"义的语音,除"工"声外,也可以有其他语音。所以,用音同音近的字作训释词时,训释词与被训释词自然也不一定具有同源关系,更别说去揭示语源了。由此看来,认为声训只是为揭示语源的看法是不能成立的。事实上,古籍中有些声训是用派生词来解释源词,或用派生词来解释派生词的,显然不是用来推求事物的得名之由,这时就不是"推因"或"推原"的名称所能概括的了。因此,声训与揭示语源并不能画等号。

其次看认为声训是用来解释字义词义的说法。字和词在汉语里经常混淆,在上古汉语中尤甚。《辞海》对字和词的解释:"记录、传达语言的书写符号,扩大语言在时间和空间上的交际功用的文化

---

① 刘熙撰,毕沅疏证,王先谦补,祝敏彻、孙玉文点校:《释名疏证补》,北京:中华书局,2021 年,第 140 页。

② 方向东:《声训起源初探》,《安庆师范学院学报》,1988 年第 4 期。

工具。""语言中音义结合的、能独立运用的最小单位。词在语音上用固定的音节表示；在意义上相对完整，且不是其构成成分的简单相加；在结构上也相对凝固，一般不可扩展或嵌入其他成分。"① 一是书写符号，一是语言单位，可见二者是有很大区别的。语言中，音和义是形式和内容的关系，音是语言的外壳，而字只不过是记录这些音义的符号而已，是很晚才产生的。字形的概念，产生于汉字。而上古汉语以单音词为主，一个字就是一个词，因而有些情况下将二者看成一物也无妨，比如把"同源词"说成"同源字"，只要局限在说单音节词还是可以的，不会引起混淆。但有些情况下就必须区分清楚，比如"通假字"便不能说成"通假词"，因为这说的是书写问题。"训诂的基本工作是用易知易懂的语言来解释古代难知难懂的文献语言，这是一种综合性的语文工作。"② 由此可知，训诂的对象是文献里的语言，而不是字。当然，字和词的关系又是非常密切的。王宁在《论形训与声训——兼谈字与词、义与训在实践中的区分》一文中又提出文字的"实义"和"造意"，所谓"实义"是指在言语作品中使用过的意义，就是从这个字据以造形的词和它以形记录的词那里转移而来的意义，也就是词义；所谓"造意"就是文字的构形意图，为文字所有，只能是字意，而不是词义。③ 如果声训的对象是字，则不但要解释"实义"，还要解释构形意图的"字意"，而构形意图的"字意"研究，当属于文字学而非训诂学的范畴。另外，汉语中的联绵词，在运用声训去解释时显然解释的是词义，而不是字义。因此认为声训是解释字义的说法是不恰当的。

最后看认为声训就是因声求义的说法。因声求义有狭义和广义

---

① 辞海编辑委员会：《辞海》（第七版·网络版），上海：上海辞书出版社，2019 年。

② 王宁：《训诂学原理》，北京：中国国际广播出版社，1996 年，第 32 页。

③ 参见王宁：《论形训与声训——兼谈字与词、义与训在实践中的区分》，《北京师范大学学报》（社会科学版），1989 年第 4 期。

之分。狭义上只指清人的因声求义理论；广义上则包括上古的"声训"及宋代的"右文说"，也就是指以声音为线索来寻求词义的一种方法。清人的因声求义理论，是在训诂实践中总结出来的。戴震发其端，在《转语二十章序》中提出了"俾疑于义者，以声求之"①的说法。而王念孙则明确提出"训诂之旨，本于声音""就古音以求古义，引伸触类，不限形体"②的基本原则，成为因声求义的核心理论。受戴震及其弟子的影响，清代很多学者都大力倡导因声求义的理论，并将之运用到自己的训诂实践中，如马瑞辰的《毛诗传笺通释》、郝懿行的《尔雅义疏》、朱骏声的《说文通训定声》等。清代的因声求义理论之所以比前人前进一大步，主要是因为学者们认识到普通语言学里的一个基本事实，那就是语言里语音和语义的联系，以及音义结合的有理性。这也导致他们在选择训释词时，由前代选择音同音近的字而变为选择音近义通的字。清代以前的学者对音义关系的概念是模糊的，他们也知道音同音近的词大多意义上也有关联，却只停留在感性认识层面。而清人对这一问题的认识基本是接近事实的。如果从狭义上说，"声训"和"因声求义"不是一个层面上的概念，声训的形式自古就有。而因声求义虽然在运用上早已存在，但此说法却是在清代才提出。如果从广义上看，声训和因声求义则具共时性。然而，"声训"一名是后代学者根据前人的训诂实践，用以和形训、义训相对应而提出的，偏重于表现形式。而"因声求义"则在表述一种训诂的方法、理论，偏重于内容。所以，从严格的意义上来说，声训并不等同于因声求义。

如果不对声训作一个合乎客观事实的明晰的界说，不仅影响训诂学理论的建设，而且影响声训研究的实践。黎千驹《现代训诂学

---

① 戴震研究会、徽州师范专科学校、戴震纪念馆编纂：《戴震全集》（第五册），北京：清华大学出版社，1997年，第2524页。

② 王念孙：《广雅疏证》，南京：江苏古籍出版社，1984年，自序第1页。

导论》认为"以往人们所说的训诂方式，一般指形训、声训和义训"①，这里将声训看作一种训诂方式。而学界大都把声训看作一种训诂方法。训诂方式和训诂方法的区别又是什么呢？黎氏进一步指出：

> 所谓训诂方式，就是训释词义时所使用的手段。换句话说，当人们已经知晓或者已经考证出某个词的意义时，就会要考虑运用什么方式来解释它。譬如说，是使用义训（主要是同义词）来解释，还是使用声训（用音同音近的词）来解释？是使用直训（用一个词）来解释，还是使用义界的方式来解释？
>
> 所谓训诂方法，是指人们在阅读古代文献的时候，往往会遇到一些陌生的、难懂的词，这时就需要运用一定的方法来探求和诠释这些词的意义，使这个词的意义由陌生到熟悉，由未知到已知。这种准确地探求和诠释古代文献词义的方法就是训诂方法。②

黎氏在进行概念区分时另辟蹊径，使训诂学上一直众说纷纭的"声训""因声求义"及它们之间的关系得到一个较为明确的界定和区分。由此可以这样理解：训诂方法注重的是探求和诠释词义的途径，而训诂方式注重的是表述某个词的意义时所采用的形式。方式，包含方法和形式两个方面。如果将"方式"与"方法"并列对举，在理解和表达上还是会造成一定的分歧。黄侃说："训诂者，以语言解释语言之谓。论其方式有三：一曰互训，二曰义界，三曰推因。"③ 这里的"方式"就含有"方法"和"形式"两个方面的意思。为了避免黎教授所说"训诂方式"造成的理解和表述的分歧，

---

① 黎千驹：《现代训诂学导论》，武汉：华中师范大学出版社，2008年，第194页。
② 黎千驹：《现代训诂学导论》，武汉：华中师范大学出版社，2008年，第194、215页。
③ 黄侃述，黄焯编：《文字声韵训诂笔记》，上海：上海古籍出版社，1983年，第186页。

不妨将"训诂方式"称作"训诂形式",从而让"训诂形式"与"训诂方法"并列对举。这样一来,"训诂形式"就只着眼于训释词义的表述形式了。

声训作为一种形式,则必然有与其对应的内容。其内容便是利用声音这一线索来寻求、解释词义的各种方法。这些方法大致包括以下几种:一是依声立说,二是利用古书常用音同音近的字假借本字这一规律破通假,三是利用同源关系的词音近义通这一语言学规律寻求词义,四是利用联绵词字形异而音义俱同这一语言现象寻求词义,五是根据某些形声字声符所表示的意义探得词义,六是依据同音词来训释,七是利用由于地域原因产生的方言其语音和语义都有一定联系这一语言学规律确定转语。

总之,声训是利用音同音近的词来体现被训释词词义的一种训诂形式。声训与形训、义训相对而言,它们各自包含一些"用易知易懂的语言来解释古代难知难懂的文献语言"的方法。

第三节 | 马瑞辰生平及《毛诗传笺通释》成书过程

有关马瑞辰的生平,《清史稿·列传·儒林三》和《清代朴学大师列传》都有记载,然而都很简短。马氏生平可分为三个阶段,一是中进士前,二是仕途生活,三是辞官回籍之后。上述二书对第一阶段和第三阶段的经历记载很少,对第二阶段则记载较多。现对各种零星记载的资料进行梳理,勾勒马氏一生的轨迹。

据任树民教授考证,马瑞辰生于 1777 年,卒于 1853 年,[①] 嘉庆

---

① 参见任树民:《〈毛诗传笺通释〉成书过程及马瑞辰生年考——兼与何海燕博士商榷》,《兰州学刊》,2011 年第 7 期。

十年（1805）进士，自此与胡承珙订交。而《清史稿》却记载为"嘉庆十五年进士"①。查《清朝进士题名录》，嘉庆十年乙丑科记载了马瑞辰与胡承珙于是年及第，而嘉庆十五年则没有进行进士课试。② 并且，胡承珙称呼马瑞辰为"进士同年"，而胡承珙的生平记载较为详细，是嘉庆十年进士。由此可知，《清史稿》记载有误。胡承珙《求是堂文集》卷二的《马丈补堂暨姚太宜人八十寿序》记载了二人当时的订交情形："往昔承珙唱第南宫，斠书东观……则有同谱马君元伯气郁青霞，棱生紫电……每与商榷疑义，发挥旧闻。"③

任树民《马瑞辰掌教白鹿洞书院考辨》一文通过考察马瑞辰与胡承珙的交游，以及清代嘉庆以后庶吉士在馆学习制度，论证马瑞辰在庶吉士期间（嘉庆十二年，即1807年），曾来江西主持白鹿洞书院这一事实。④ 而学界多被《清史稿》的记载"复坐事发往黑龙江，未几释归。历主江西白鹿洞、山东峄山、安徽庐阳书院讲席"⑤所误导，认为马瑞辰掌教白鹿洞书院是在他从黑龙江纳赎回籍之后，也即道光二年（1822）之后。经此文考辨，马瑞辰曾于嘉庆十二年前后掌教过白鹿洞书院，前此不能早于嘉庆十年五月，后此不能晚于嘉庆十三年四月。

嘉庆十三年（1808）散馆后，马氏改工部营缮司主事，擢郎中。马氏在担任工部营缮司郎中期间，据《清史稿》的记载，"擢郎中，因事罣误，发盛京效力"⑥。可知，马氏曾被遣戍盛京（今沈阳）。

① 参见赵尔巽等撰：《清史稿》（第四十三册），北京：中华书局，1977年，第13240页。

② 参见江庆柏：《清朝进士题名录》，北京：中华书局，2007年，第715、718页。

③ 胡承珙：《续修四库全书·求是堂文集》（第1500册），上海：上海古籍出版社，2002年，第335页。

④ 参见任树民：《马瑞辰掌教白鹿洞书院考辨》，《山东青年政治学院学报》，2011年第3期。

⑤ 赵尔巽等撰：《清史稿》（第四十三册），北京：中华书局，1977年，第13240页。

⑥ 赵尔巽等撰：《清史稿》（第四十三册），北京：中华书局，1977年，第13240页。

查《清实录》，此事发生在嘉庆二十一年（1816）。① 谪戍盛京以后，萨英额《吉林外纪》记载："元伯……初任至工部郎中，因公获罪，遣戍沈城，委书院山长。生徒中式二名，著有成效。将军富俊奏赏主事衔，升工部副郎。"② 马其昶《桐城耆旧传》："……发盛京效力。旋赏给主事，曹文正公振镛奏留工部，擢补员外郎。"③ 由以上记载可知，马瑞辰在盛京被委任为书院山长。将军富俊因其课徒有效，奏请朝廷赏给马瑞辰主事一衔。朝廷准请，由曹振镛奏留为工部主事。然而，《清代朴学大师列传》记载："历官工部都水司郎中，因事遣戍沈阳。文诚公富俊，时为吉林将军，延主白山书院。"④ 这段话指明了马氏所主的书院是白山书院，但据任树民《马瑞辰谪戍东北考辨》一文考辨，此实为误记，马氏当时所主的书院只是盛京的书院，而非白山书院；此时的将军也是盛京的将军富俊，而非吉林的将军富俊。⑤

嘉庆二十四年（1819），马瑞辰最迟在此年已经回京。《清史列传·纳尔经额本传》记载："（嘉庆）二十四年，升制造库郎中。道光元年，授山东兖沂曹济道。二年六月，升湖南按察使。"⑥ 而马其昶又说，马氏回京后"承办太庙工程，荐郎中。纳尔经额料工，同部某讦其不实，经内务府核算无失，纳尔经额得不坐，而先生罢职，发黑龙江效力，未几释归"⑦。由纳尔经额的仕途履历可知，马瑞辰

---

① 参见《清实录·仁宗实录（五）》（第32册），北京：中华书局，1986年，第180－294页。
② 萨英额等撰，史吉祥等点校：《吉林外纪·吉林志略》，长春：吉林文史出版社，1986年，第19页。
③ 马其昶撰，彭君华校点：《桐城耆旧传》，合肥：黄山书社，2013年，第319页。
④ 支伟成：《清代朴学大师列传》，长沙：岳麓书社，1998年，第91页。
⑤ 参见任树民、李秋：《马瑞辰谪戍东北考辨》，《黄河科技大学学报》，2010年第3期。
⑥ 王钟翰点校：《清史列传》，北京：中华书局，1987年，第3156页。
⑦ 马其昶撰，彭君华校点：《桐城耆旧传》，合肥：黄山书社，2013年，第319－320页。

最迟在嘉庆二十四年已经回京任职，否则就无所谓"荐郎中"的事情了。

而嘉庆二十四年冬，胡承珙赴闽。据《清史稿》胡承珙本传，胡氏进士及第后，选为翰林院庶吉士。散馆后一直在京师为官，一直到嘉庆二十四年冬离京赴闽。随后，于道光元年（1821）又去了台湾，于道光三年（1823）乞假归里，以后再未到京师。[①] 胡马之间仅存的也是很重要的一封书信《复马元伯同年书》写于何时呢？先看这封书信的主要内容。这封书信主要是对马瑞辰的一部著作《毛诗解谊》中的几条训诂的商榷和补充。由马氏为胡氏《毛诗后笺》所作的序言"往尝与余同宦京师。余亦喜为《毛诗》学。朝夕过从，心有所得，辄互相质问，时幸有出门之合"[②] 来看，这封书信应该写于胡马二人"同宦京师"之时，那么，这封书信也应该在嘉庆二十四年冬之前完成。

嘉庆二十五年（1820），《毛诗传笺通释》始作。《通释·自序》："历时十有六年，书成三十二卷……道光十有五年四月既望，桐城马瑞辰识。"[③] 由此可推知《通释》的始作年。道光二年（1822），马瑞辰再次被遣戍东北，这次是去黑龙江。《清史稿》记载："复坐事发往黑龙江，未几释归。"[④]《清代朴学大师列传》亦言："复遣戍黑龙江，纳赎回籍。"[⑤] 而"纳赎回籍"具体是什么时间呢？据任树民《马瑞辰谪戍东北考辨》一文引用现藏于台湾"中央研究院"历史语言研究所的一道奏折，朝廷同意马氏"纳赎回籍"的时间是道光二年十二月十八日。回籍以后，马瑞辰再也没有

---

① 参见赵尔巽等撰：《清史稿》（第四十三册），北京：中华书局，1977年，第13262－13263页。

② 胡承珙：《续修四库全书·毛诗后笺》（第67册），上海：上海古籍出版社，2002年，第5页。

③ 马瑞辰：《毛诗传笺通释》，北京：中华书局，1989年，自序第1页。

④ 赵尔巽等撰：《清史稿》（第四十三册），北京：中华书局，1977年，第13240页。

⑤ 支伟成：《清代朴学大师列传》，长沙：岳麓书社，1998年，第91页。

出仕，"乡居数十年，以著述自娱"①。

对马氏的仕途履历大致清楚以后，再来看马氏的生年。马瑞辰在《通释·自序》中说："四十以后，乞身归养；既绝意于仕途，乃殚心于经术。爰取少壮所采获，及于孔疏、陆义有未能洞彻于胸者，重加研究。"② 据任树民考证，"乞身归养""绝意于仕途"，应该指的是"纳赎回籍"这件事。③ 此年是道光二年，也即 1822 年。而此年马氏已过四十，故可推算马氏生于 1783 年，或早于 1783 年。任氏此文又通过马瑞辰与姚莹的交游，坐实马氏生于 1777 年。回籍以后，据任氏《马瑞辰、姚莹交游考述》一文，马氏主要是宴集觞咏，酬赠唱和，写作著述。及至咸丰三年（1853）太平军陷桐城，马瑞辰死难。④

在对马氏生平经历有一个大致的了解后，对其成书过程也就容易明白了。胡承珙写给马氏的一封论学书信《复马元伯同年书》提到马氏另外一部《诗经》学著作，"承示大著《毛诗解谊》，各条服膺无已。谨就鄙见所及，略为申说，为足下土壤细流之助"⑤。《毛诗解谊》当下无传，仅有四条诂训条目存于胡承珙的《复马元伯同年书》中。经任树民《〈毛诗传笺通释〉与〈毛诗解谊〉》一文考辨，《毛诗解谊》一书最迟完成于嘉庆二十四年（1819）冬，很可能完成于嘉庆十三年（1808）秋到嘉庆二十一年（1816）六月这个时间段。⑥ 上述由《通释·自序》推得《通释》始作于嘉庆二十五年（1820）。所以，《通释》是在《毛诗解谊》完成以后才开始写作

① 支伟成：《清代朴学大师列传》，长沙：岳麓书社，1998 年，第 91 页。

② 马瑞辰：《毛诗传笺通释》，北京：中华书局，1989 年，自序第 1 页。

③ 参见任树民：《〈毛诗传笺通释〉成书过程及马瑞辰生年考——兼与何海燕博士商榷》，《兰州学刊》，2011 年第 7 期。

④ 参见任树民：《马瑞辰、姚莹交游考述》，《宜宾学院学报》，2012 年第 1 期。

⑤ 胡承珙：《续修四库全书·求是堂文集》（第 1500 册），上海：上海古籍出版社，2002 年，第 230 页。

⑥ 参见任树民：《〈毛诗传笺通释〉与〈毛诗解谊〉》，《文献》，2012 年第 3 期。

的。《自序》也说："余幼禀义方，性耽著述……五际潜研，几忘流麦；一疑偶析，如获珠船。然第藏诸箧笥，未敢悬之国门。……四十以后，乞身归养；既绝意于仕途，乃耽心于经术。爰取少壮所采获，及于孔疏、陆义未能洞彻于胸者，重加研究。"[①] 此文还对仅见的四条诂训条目进行了详细的分析论证，指出：

> 综上所述，《毛诗解谊》是马瑞辰"少壮所采获"而被"藏诸箧笥，未敢悬于国门"的一本著作。在马瑞辰归田后，它被"重加研究"，融进了《毛诗传笺通释》当中。就其前后承继关系来说，我们认为，《毛诗解谊》并非一部佚书，而是《毛诗传笺通释》的前身。[②]

由《通释》成书过程及马氏的履历来看，《毛诗解谊》为《通释》前身的说法基本是合理的。

至于《通释》版本，因其书问世较晚，文字错讹、篇章错乱等问题并不严重。此书是清代《诗经》研究的名著，故被多种丛书收录，现一一述之。依马氏《自序》可知此书完成于道光十五年，即1835年，同年付之剞劂，乃学古堂初刻本，后收入阮元所辑之《皇清经解》。此本刻书仓促，较多讹误，然距离书稿完成时间最短，故多保留了原貌。《续修四库全书》据此初刻本影印，从而可知此本的面貌。是刻半页十一行，行二十一字，小注双行，行亦二十一字，大黑口，单鱼尾，左右双边，上下单边。版心亦标其卷数与每部分之页数，鱼尾下刻"毛诗传笺通释卷几"，再下刻页数。书前有《毛诗传笺通释自序》，自序后有目次及例言。光绪年间王先谦辑《皇清经解续编》，依学古堂初刻本重校，订正不少讹误。后《四部

---

① 马瑞辰：《毛诗传笺通释》，北京：中华书局，1989年，自序第1页。
② 任树民：《〈毛诗传笺通释〉与〈毛诗解谊〉》，《文献》，2012年第3期。

备要》又以南菁书院《续编》本为底本校刊，由上海中华书局排印及缩印出版。是刻每半页十三行，行二十六字，单行大字，四周单边，单鱼尾，细黑口。版心只标明卷数和页数，鱼尾下刻卷数"一""二""三"等，再下刻每卷页数。

光绪十四年（1888）广雅书局据学古堂初刻本重刻。是刻每半页十一行，行二十四字，大字单行，小注双行，白口，单鱼尾，四周单边。版心标明卷数和每部分页数。每页刻有书耳，注明每页大小字的字数。书前亦有马瑞辰自序，自序后有目次和例言，后有廖廷相跋。后陈金生以此本为底本，以《续编》本为校本，整理标点成三册，1989 年由中华书局出版。自此本出版，便成为通行本，为阅读研究《通释》一书带来很大便利。

第二章 《通释》对其他声训成果的吸收

《通释》一书共三十二卷，卷一为"杂考各说"，相当于《诗经》学专题小论文，讨论《毛诗》名义、源流、正变、次第、逸文、地理诸类。以下三十一卷，全明训诂，几不涉义理。声训繁多，特重考据，乃此书特色。如忽略此书声训，则是避重就轻，对其价值的利用也就可想而知了。卷一不在本书考察范围之内，其余三十一卷的声训条目是本书的考察对象。

所谓声训，就是利用音同音近的词来体现被训释词词义的一种训诂形式。换句话说，只要利用声音这一线索进行训诂，便都可称为声训。因此本书所要考察的对象范围很广泛，主要包括以下几方面：一是依声立说，二是破假借，三是求语源，四是归纳联绵词，五是运用"右文说"，六是系联同音词，七是通转语。马氏精通训诂，故在训释《诗经》时，广泛吸收历代古书训诂成果。漆永祥认为"（马瑞辰《毛诗传笺通释》、陈奂《诗毛氏传疏》）集乾嘉时期《诗》学之大成"，"《四库提要》……《续四库提要》（著录《诗经》著述）……总数达 463 种之多，其中乾嘉时人所著又占太半之多，这些书多被马、陈所参考和引用"①，在声训方面亦是如此。职

---

① 漆永祥：《乾嘉考据学研究》，北京：中国社会科学出版社，1998 年，第 260 - 261 页。

是之故，要考察《通释》一书的声训，则必须区分出《通释》一书中马氏本人的声训条目和吸收其他学者的声训条目。只有这样，才能在对《通释》一书声训条目诸多方面的考察中，得出接近事实的结论。相关统计结果以表格形式列出。

表2-1 《通释》一书中的声训条目数量

卷次	声训条目总数量	马氏自己的声训条目数量	马氏吸收其他学者的声训条目数量
卷二	86	81	5
卷三	52	49	3
卷四	50	46	4
卷五	32	25	7
卷六	52	43	9
卷七	26	20	6
卷八	57	51	6
卷九	25	20	5
卷十	18	16	2
卷十一	25	24	1
卷十二	47	45	2
卷十三	32	29	3
卷十四	10	8	2
卷十五	12	9	3
卷十六	50	44	6
卷十七	48	43	5
卷十八	54	42	12
卷十九	36	27	9
卷二十	101	88	13
卷二十一	39	36	3

卷次	声训条目总数量	马氏自己的声训条目数量	马氏吸收其他学者的声训条目数量
卷二十二	55	45	10
卷二十三	46	39	7
卷二十四	111	97	14
卷二十五	80	65	15
卷二十六	82	75	7
卷二十七	68	60	8
卷二十八	26	24	2
卷二十九	31	26	5
卷三十	43	40	3
卷三十一	29	27	2
卷三十二	48	42	6
总计	1471	1286	185

由上表可知，《通释》全书的声训条目共1471条，马氏自己的声训条目共1286条，吸收其他学者声训研究成果185条，占总数的12.6%。为了获得对《通释》一书声训更为全面的了解，现对《通释》一书吸收其他学者声训成果的情况进行考察，可分为两方面：一是《通释》对前人声训成果的吸收，二是《通释》对当时学者声训成果的吸收。现列表表示此两部分的数量和比例：

表2-2 《通释》吸收其他学者声训成果情况

时代	清代以前	清代
吸收的条目数量	34	151
占吸收总数量的比例	18.4%	81.6%

由此表可以看出，马氏主要吸收了清代学者的声训成果。据考察，这部分声训成果大多是乾嘉考据学者的。所有的这些声训成果，要么被马氏直接吸收，要么被马氏作为基础进行新的拓展。而其中一大部分，马氏则是将其作为基础，据以训释《诗经》。

第一节　对前代学者声训成果的吸收

马氏对前代学者训诂成果的吸收范围非常广泛，本节只考察其对声训成果的吸收情况。马氏对声训成果的引用主要集中于小学类书籍，如《尔雅》《说文》，其次就是古书古注里的声训。引用情况可分为两部分：一是直接引用作为结论，二是引用作为论据。

一、直接引用作为结论

（1）"宁不我顾"，《笺》云："宁，犹曾也。"瑞辰按：宁、乃一声之转……此诗《笺》训宁为曾者，曾亦乃也。《孟子》"尔何曾比予于管仲"，赵岐《章句》："何曾，犹何乃也。"是其证矣。（卷四·115－116页）①

按：马氏通过串联《诗经》中相关句子，如"宁不我矜"等，认为"宁"即"乃"，"胡宁"即"胡乃"，"无宁"即"无乃"。接着考证"宁又通作能"，最后考证"能亦乃也"。然而，对于《笺》所谓"宁，犹曾也"，仍然未能疏通其义。于是，引赵岐"何曾，

---

①　凡例证，均引原文，并于其后加注括号，括号内注明卷数和页数。笔者正文对该条目进行分析论述，以"按"字标示。如正文行文中引用《通释》内容，则加脚注。全书下文均仿此，不再出注。

犹何乃也"作为结论，以证"曾"即"乃"。至此，"宁""乃""能""曾"均是音近义通，从而疏通了《笺》义。

（2）"三之日于耜"……《仪礼·士冠礼》注："于，犹为也。"《聘礼记》注："于读曰为。"（卷十六·454页）

按：此条目"于读曰为"之"读曰"即是声训用语。马氏认为《豳风·七月》"三之日于耜"之"于"表示的是行为动作，所谓"于耜即为耜也"。然而，证据并不充分，仅举了一旁证"'于耜'与'举趾'相对成文"。为了证成结论，直接引用"《仪礼·士冠礼》注：'于，犹为也。'《聘礼记》注：'于读曰为。'"作为论据，来说明经文"于耜"的意义。

（3）《东京赋》"况魅蜮与毕方"，《文选》李善注引"《汉旧仪》曰：'魅，鬼也。'魅与蜮古字通。"（卷二十·657-658页）

按：马氏直接引用李善的注，认为"魅与蜮古字通"，从而判定诗中"蜮"乃"魅"之假借，即鬼的意思。一词变换字体，或变换名称而重复出现正是《诗经》句式的特点，即马氏谓"《诗》于一物而异名者，每多并举，不嫌其词之复也"，最后又列出《说文》、《博物志》、陆佃、罗愿等对"蜮"字的解释，指出"此固非不可得见者，不与鬼相类也"，意即"蜮"非诗之义，假借字也。

（4）哀十七年《左传》"太子又使椓之"，《释文》："椓，古与诼通。"（卷二十七·1035页）

按：马氏为了说明《大雅·召旻》"椓靡共"之"椓"为"诼"

之假借，直接引用了《左传》《释文》里的声训"椓，古与诼通"作为结论。然后又举出古文献《楚辞》王逸注，以及《广雅·释诂》里的语言来解释"诼"字之义。又按：除了直接引用古注声训作为结论外，马氏还运用了内证法，细细抽绎《正月》诗《传》《正义》对"椓"字的解释，来说明《传》是以"椓"为"诼"之假借的。

二、引用作为论据

（1）按祥、普二字双声。《说文》又曰："普，日无色也。"日无色为普，衣无色为祥，音近而义亦同。（卷五·177页）

按：马氏将"祥""普"二字双声的语音关系作为立论的前提。二者既然双声，就义通。由"日无色为普"，便可推导出"祥"与之义通，再根据全诗上下文义可训出"祥"的词义。而在这一推论过程中，《说文》所谓的"日无色为普"，是作为论据使用的。

（2）条、修古同声通用。（卷十一·343页）

按：此为证明《唐风·椒聊》"远条且"一句之"条"与"修"相通。马氏首先列出版本异文，云足利本"条"字借作"修"。紧接着引用《史记》周勃"封为条侯"注"条，《表》皆作蓨"，以及《汉书·地理志》注"修音条，《括地志》作蓨"两条文献证据来说明"条、修古同声通用"，也即经文"条"字当作"修"，又由"修"字字音联想到"攸"字。据《说文》，"攸"字有长义，从而马氏得出结论："修"字当为"攸"字假借。

（3）《明堂位》"俎殷以椇"，《注》："椇之言枳椇也，谓曲桡之也。"（卷十八·533 页）

　　按：《小雅·南山有台》"南山有枸"，马氏否定《传》训"枸"为"枳枸"。马氏首先根据《说文》《玉篇》异文说明"枳枸"亦作"稽稇""枳椇"，接着举出"《明堂位》'俎殷以椇'，《注》：'椇之言枳椇也，谓曲桡之也。'"说明枳椇为曲木之貌，并非木名。马氏又根据《说文》"稇"字注"一曰，木名"，从而认为经文中的"枸"为"稇"之假借，是一种木名，而非如《传》训为"枳枸"之曲木貌。又按：马氏又据《说文》"枸"字注，认为枸不出自周地，进一步证明此诗"枸"字当为假借字。

（4）《后汉书·荀彧传论》曰："荀君乃越河冀，间关以从曹氏。"《注》："间关，犹展转也。"（卷二十二·740 页）

　　按：此条目是马氏为证明《小雅·车舝》"间关车之舝兮"之《传》"间关，设舝貌"的正确。马氏首先考证，"舝"同"辖"，《三家诗》将"辖"训为"车声"，由此得出"辖"既为车声，则"间关"不为车声。那么，"间关"究竟何义？马氏随即举出古文献里的语言实际："《后汉书·荀彧传论》曰：'荀君乃越河冀，间关以从曹氏。'注：'间关，犹展转也。'"接着还列出阮福对此注的解释："车之设舝则婉转如意，亦犹人之周流四方，动而不息，故《论》以为间关以从曹氏，《注》以为犹展转也。间关言貌而不言声，当从《毛传》为是。"马氏引用《后汉书》注里的声训"间关，犹展转也"作为论据，证明了《毛传》的正确性。

第二节　对清代学者声训成果的吸收

据笔者统计，马氏对清代学者声训成果的吸收，有以下诸家：顾炎武、江永、王念孙、王引之、胡承珙、段玉裁、孔广森、戴震、郝懿行、邵晋涵、桂馥、李黼平、陈奂、朱彬、刘台拱、汪中、钱大昕、钱大昭、王照圆、卢文弨、曾钊、洪颐煊、洪震煊、惠栋、舒瑗、宋翔凤、陈寿祺、孙星衍、阮元、庄述祖、刘玉麐、焦循、严可均、戚学标，共计三十余人。

一、引用作为结论

（1）"中心如噎"，《传》："噎，忧不能息也。"瑞辰按：噎、忧双声……忧者，嚘之省借。《玉篇》："嚘，气逆也。"噎者，欧之假借……噎忧即欧嚘也。不能息，谓气息不利也。《郑风》"使我不能息兮"，《传》："忧不能息也"，亦谓噎嚘不能息也。《正义》均谓如恩愁之恩，失其义矣。今本刘氏台拱说而引伸之，以正其误。（卷七·230页）

按：孔《疏》将《传》"噎，忧不能息"疏解为"噎"是"忧"之义，而马氏认为这是误解，《传》的意思是，"噎"即为"嚘"，乃气息不畅之义。接下来的证明，如"噎、忧双声"等，均是引用刘台拱之说作为结论的，只不过引申了而已。

（2）胡承珙曰："戢与捷双声，故捷可假借作戢。"（卷二十二·736页）

按：此条为了说明《小雅·鸳鸯》"戢其左翼"之"戢"字训。马氏首先根据《释文》引《韩诗》判断出"戢"训"捷"，又据毛西河引《考工记庐人》注推出"捷"有"插"义。至于二者关系，马氏则直接引用胡承珙的声训成果作为结论："戢与捷双声，故捷可假借作戢。"又按：马氏、胡氏订交于京城，同治诗，故私交甚好，马氏尝言与胡氏常有"出门之合"。

（3）王尚书（引之）云："咸与减古字通，咸、刘皆灭也。"（卷二十九·1090 页）

按：《周颂·武》"胜殷遏刘"一句，《传》训"刘，杀"，《笺》训"遏，止也。举兵伐殷而胜之，以止天下之暴虐而杀人者"。引王氏此条声训是为了申《传》驳《笺》。马氏引《书·君奭》"咸刘厥敌"王引之的解释"咸与减古字通，咸、刘皆灭也"，将其作为结论，从而认为《传》是而《笺》非也。

（4）《说文》："畷，两陌间道也。"段曰："畷之言缀，众涂所缀也。于此为田畯督约百姓之处，若街弹室者然，曰邮表畷。"（卷三十二·1177 页）

按：引段氏此条声训是为了申《传》"畷，表"之训。马氏在引段氏之前已花大量笔墨考证了"畷"为表义，此处又直接引用段氏注《说文》的声训成果"畷之言缀，众涂所缀也。于此为田畯督约百姓之处，若街弹室者然，曰邮表畷"，以与自己的考证结果相对照。马氏又对段氏此条目进行了简单的标注："按邮表畷为督约百姓之处，亦立表以示人。"

二、引用作为论据

（1）王尚书曰："中，得也。垢当为诟，耻辱也。谓行不顺以得耻辱。"（卷五·168 页）

按：《国风·墙有茨》"中冓之言"一句，马氏首先根据《易·姤卦》或作"遘"，"邂逅"或作"邂冓"，推出"遘""冓"与"姤""逅"通，进而推出"遘""冓"与"诟""垢"可能具有假借关系。接着马氏列出《桑柔》"维彼不顺，征以中垢"王引之的解释"中，得也。垢当为诟，耻辱也。谓行不顺以得耻辱"，从而肯定此诗"内冓亦当读为内诟，谓内室诟耻之言"。

（2）"籊籊竹竿，以钓于淇"，《传》："籊籊，长而杀也。"……《尔雅·释木》："梢，梢擢。"郭《注》："谓木无枝柯。梢擢，长而杀者。"王观察（念孙）云："梢之言削也。读如《轮人》'揱尔而纤'之揱，郑《注》：'揱纤，杀小貌也。'"擢与籊籊声近而义同。（卷六·214 页）

按：此条为了解释《毛传》"籊籊，长而杀也"，首先引郭璞注《尔雅·释木》，证明"梢"和"擢"义通。接着引王念孙的声训成果"梢之言削也"，从而证明"梢"和"削"音近义通，且词义为"杀小貌"，从而证明"擢"有"杀小貌"。而马氏最后又说"擢与籊籊声近而义同"，最终解说了《传》意。整个考证过程，王念孙的声训成果充当的是论据。

（3）《说文》："忓，极也。"段玉裁曰："干者，犯也。忓者，

以下犯上之义。"（卷七·244页）

按："畏子不敢"中的"敢"字，《传》《笺》皆不释，马氏先引《广雅·释诂》"敢，犯也"，认为"敢"即是"犯"义。然而，马氏亦有清代学者以《说文》所收字为正字的观念。所以，马氏又根据声音关系，联想到《说文》里的"忓"，进而根据段玉裁的注释，从而得出"敢训犯者，盖以敢为忓字之假借"的结论。

（4）"为下国缀旒"，《传》："缀，表。旒，章也。"……通言则曰表缀，亦曰仪缀……析言则缀与表亦自有别……蕝、纂、酇三字古同声。曾钊谓郑训缀为酇，即以缀为蕝之通借，是也。今按缀谓酇，读若纂，正与《说文》"纂读若纂，一曰丛"相类。（卷三十二·1175－1176页）

按：此条首先引用《周礼》郑注等大量古典文献训诂材料，肯定《传》"缀，表"的正确。然而，不仅如此，马氏还要解释其意义。利用古音学成果，判定"蕝、纂、酇三字古同声"。这作为大前提，是论据之一。而后又引曾钊"以缀为蕝之通借"作为小前提，是论据之二，从而将"缀"和"蕝"联系起来，得出最终结论：缀、蕝、纂、酇均声同义通，可以互训。当然，这几个词的具体意义，马氏引《说文》"酇，聚也"来解释，即聚集之义。

经考察，马氏对清代学者中征引最多的要数王引之、胡承珙、段玉裁。下面仅对征引此三家的条目进行统计，以获得一个大致印象。

表 2-3 《通释》征引王、胡、段三家情况统计

人名	王引之	胡承珙	段玉裁	清代学者
被引用的数量	31	31	16	151
占引用清代声训条目总数量（151）的比例	20.5%	20.5%	10.6%	100.0%

引述三人的条目数量占半数以上。这还仅仅是声训方面的情形，至于校勘等，几乎每篇诗都要涉及此三人。由此可知，马氏治学的倾向性，自是直承乾嘉。遍览全书，马氏在引用以上三人的声训成果时，对王引之、胡承珙称赞较多，唯于段玉裁则驳斥较多。马氏父宗琏从王念孙游，故马氏尊崇王引之亦合于情理。前文已述，马氏与胡承珙同年进士，结交于京城，二人论学甚洽，故称引胡氏亦合情合理。

对于王引之，马氏并非全从。全书引用其声训成果共三十一条，其中驳斥的有一条，将其亦备一说的两条。驳斥的条目是，《小雅·无羊》"众维鱼矣""旐维旟矣"二句，马氏认为"众"为"螽"之假借，意思是蝗虫；"维"的意思是乃，二句合起来意思是蝗虫化为鱼，旐转为旟。又转引卢文弨引丁希曾的说法"众乃螽字之省"肯定自己的观点，从而得出结论："王尚书驳之，以为'众维鱼矣，旐维旟矣'，上维字训乃，下维字训与。然诗人句法相类者大半同义，似不得谓二维字当异训也。王又谓郊野载旐，百官载旟，旐化为旟之说不可通。然梦境幻化无常，固有不可以理测者。况旟有众义，固与'室家溱溱'义相贯乎？此知以王说之未为确也。"① 马氏于《诗》别有会心，此处驳斥，良有以也。

对于胡承珙，亦是如此。全书共引其成果三十一条，驳斥的有

---

① 马瑞辰：《毛诗传笺通释》，北京：中华书局，1989 年，第 589 页。

一条。《国风·竹竿》"巧笑之瑳"一句，马氏根据"瑳"与"齰"双声，又据《说文》"齰"字之义，结合诗义，判定"瑳"为"齰"之假借。胡承珙根据《一切经音义》认为"瑳"为"齼"之假借，而马氏认为"齼乃簇之或体，齼字始见《字林》，不得云瑳即齼也"①。马氏根据"齼"为魏晋后起字，因而否定其为上古文献"瑳"之假借。

关于段玉裁，其生卒年为 1735 年、1815 年；马氏生卒年为 1777 年、1851 年，而《通释》一书始作于 1820 年（见"绪论"）。故段氏谢世时马氏仅三十九岁，尚未始著《通释》，故马氏以著述泄私愤之说当不可靠。然而，以实例来分析，之所以驳段，可能还是因为马氏实事求是，以及宏通的治学理念所致。据笔者统计，全书驳斥段玉裁的成果，除了声训以外，还有五十二条；而全书肯定段氏的，据漆永祥统计，共一百二十九条。② 其数量远大于否定的数量，故知马氏并非有意批驳段氏。另外，考察这些被马氏驳斥的条目，大多确为段氏所误。由于其《说文解字注》影响甚大，众学者引用；引用者多，发现的问题自然亦较多。马氏不盲从，对段氏的研究成果进行再分析，以断是非，治学态度值得称赞。

上述仅是马氏在声训方面对清人成果的吸收，至于在其他方面，比如校勘等的引用，更是频繁。漆永祥曾对马氏之书引用清人成果的人名和次数做过详细的统计，显示总共援引清人之说达 60 家 652 次以上。③ 总之，《通释》一书的声训，既有对以往所有时代学者声训成果的广泛吸收，同时对清代学者的成果亦综采辨析，不盲从不拘泥不回护。只有对《通释》一书关于他人声训成果的吸收具有一定了解之后，才能对其声训特征作出符合实际的判定。

---

① 马瑞辰：《毛诗传笺通释》，北京：中华书局，1989 年，第 215 页。
② 参见漆永祥：《乾嘉考据学研究》，北京：中国社会科学出版社，1998 年，第 261 页。
③ 参见漆永祥：《乾嘉考据学研究》，北京：中国社会科学出版社，1998 年，第 262 页。

第三章　《通释》声训条目的体例

　　《通释》一书在训释经文时一般是先列出所要训释的诗句，基本是一句或两句，紧接着或列出《传》，或列出《笺》，或列出《正义》，或并列其二，或并列其三。随后以"瑞辰按"三字为标示，开始考据。首先列出《尔雅》《说文》《经典释文》《方言》等书以及郭璞、段玉裁等人相关的注。在分析综合以上所引诸书对此词解释的过程中，穿插自己对经文字词的解释，罗列众说，比较分析，得出结论。最后再回过头来，断定《传》《笺》《释文》《正义》等的正误是非。有时还串联其他诗篇以及其他古书相关字词的解释，相当一部分已逸出训《诗》的范围，体现研究语言学的倾向。这是《通释》一书基本的训释体例。具体到声训条目，则在这一基本训释体例下，呈现自身的特征。通过全面考察全书一千二百八十六条声训条目，笔者发现其声训条目体例具有以下四个方面的特征：一是先提结论，而后考证；二是一边考证，一边结论；三是先行考证，而后结论；四是无确凿证据，以"盖"表述。

第一节　先提结论而后考证

　　（1）"四矢反兮"，《传》："四矢，乘矢。"《笺》："反，复也。

礼，射三而止。每射四矢，皆得其故处，此之谓复。"……反，古音如变，故《韩诗》借作"四矢变兮。"反通作变，犹卞通作反也。《说文》汳水即汴水，《广韵》饭亦作餅，俗又作餙，是其证。说《韩诗》者望文生训，遂训为变易，失之。（卷九·315－316页）

按：此条是为说明《韩诗·猗嗟》"四矢变兮"之"变"的词义。首先给出结论"反，古音如变"，意为《韩诗》这里的"变"通作"反"。接着由"卞通作反"，又因为"变"和"卞"古音相同或相近，从而推出"反通作变"。

（2）之，犹者也。（卷十一·347页）

按：《国风·秋杜》"有秋之杜"一句，马氏为了证明此句中的"之"为"者"的意思，首先列出了结论"之，犹者也"，然后分别使用两条内证、一条旁证，共三条论据证明了自己的结论。第一条内证论据，马氏列出"有颊者弁""有苑者柳""有卷者阿"三句诗，认为"有秋之杜"与它们三句句法相同，故"之"犹"者"。第二条内证论据，马氏列出《小雅》"有栈之车"与"有芃者孤"两句，认为此二句相对成文，故"之"犹"者"。第三条旁证论据，首先说"之、诸一声之转"，接着列出《士昏礼》注"诸，之也"，又举出《左传·僖九年》"以是藐诸孤"一句就是"藐者孤"的意思，故"诸"为"者"。他还举出《尔雅·释鱼》的实际语言，再次说明"诸"为"者"。由以上可得，"之"为"诸"，"诸"又为"者"，故"之"为"者"。

（3）辰当读为震。（卷十二·365页）

按：此条为了证明《郑风·驷驖》"奉时辰牡"之"辰"为"麎"之假借，马氏考证如下：

瑞辰按：辰当读为麎。《尔雅》："麋，牡麔，牝麎。"《说文》："麎，牝麋也。""辰牡"犹言"骐牝"，彼以骐为牡，与牝对言，此以麎为牝，与牡对言，其句法正相类。又襄四年《左传》"而思其麀牡"，与此诗句法亦同，彼正以麀为牝鹿，与牡对言也。辰即麎之省借耳。①

马氏运用了一条内证和一条旁证，得出了可靠的结论。首先根据《尔雅》《说文》的解释，以及《诗经》句法，断定"辰牡""骐牝"相对，得出"辰"读为"麎"；再举《左传》里的语言材料，同样证得"辰"读为"麎"。

（4）假与格一声之转，故通用。（卷三十二·1158 页）

按：此条为解释《商颂·那》"汤孙奏假"之"假"。马氏考证为：

瑞辰按：假与格一声之转，故通用。假者，徦之假借；格者，佫之假借。《尔雅·释诂》："格，至也。"《释言》："格，来也。"《方言》："假、佫，至也。邠、唐、冀、兖之闲曰假或曰佫。"郭注："假音驾。佫，古格字。"据《说文》"徦，至也。从彳，叚声"，知《方言》假当作徦。《广雅释诂》："假，至也。"假亦徦之省借。②

---

① 马瑞辰：《毛诗传笺通释》，北京：中华书局，1989 年，第 365–366 页。
② 马瑞辰：《毛诗传笺通释》，北京：中华书局，1989 年，第 1158–1159 页。

马氏列出论点后，根据《尔雅》《方言》《说文》《广雅》等辞书字书考定出结论。

第二节 一边考证一边结论

（1）幽、深义近，幽与窈亦双声也。窕与姚通，姚冶一作窕冶。……窈窕通作窈窱，又作杳窱。（卷二·31页）

按：此条为疏释《周南·关雎》诗"窈窕淑女"之"窈窕"的意思。马氏考证如下：

瑞辰按：……《说文》："窈，深远也。"幽、深义近，幽与窈亦双声也。窕与姚通，姚冶一作窕冶。《说文》："姚，美好也。"《方言》："窕，好也。"……又窕与嬥声近。《广雅·释诂》："嬥，好也。"《释训》又曰："嬥嬥，好也。"合言之则曰窈窕。……窈窕通作窈窱，又作杳窱。《说文》："杳，杳窱也。"《广雅》："窈窱，深也。"幽、深义相近。[①]

马氏首先根据《说文》"窈，深远也"的解释，判断"窈"与"幽"相通，又根据《说文》"姚，美好也"的解释，判断"窕"与"姚"通。最后又根据《说文》《广雅》判断"窈窕通作窈窱，又作杳窱"，在论证的过程中系联出更多的假借字或同源词。

（2）按朋、冯古同声，故通用。……冯为倗之假借也。（卷十

---

① 马瑞辰：《毛诗传笺通释》，北京：中华书局，1989年，第31页。

　　按：此条为考定《小雅·菁菁者莪》"锡我百朋"之"朋"字假借。马氏考证为：

　　瑞辰按：《艺文类聚》引《六韬》曰："太公谓散宜生，求珍物以免君罪，之九江，得大贝百冯。"《注》云："《诗》作百朋。"按朋、冯古同声，故通用。百朋作百冯，犹《韩策》之韩朋，《史记》作韩冯。《说文》"淜，无舟渡河"，今《毛诗》作冯河。《卷阿》诗"有冯有翼"，冯为倗之假借也。①

　　马氏列出《笺》以后，首先举《艺文类聚》引《六韬》注之异文，推得"朋""冯"通用。为进一步论证，马氏又举《韩策》与《史记》之异文，再次证明上文得出的结论。马氏又由字形联想到《说文》之"淜"字，进而列出《毛诗》异文"冯河"，从而推得"冯"和从"朋"得声的字有假借关系，所以最后又得出《卷阿》诗"冯为倗之假借也"。

　　（3）"蓼蓼者莪"，瑞辰按：汉《孔耽神祠碑》"竭凯风以惆懔，惟蓼仪以怆恨"，《平都相蒋君碑》"感慕诗人，蓼蓼者仪"，莪并作仪。《卫尉卿衡方碑》"悼蓼义之劬劳"，《司隶校尉鲁峻碑》"悲蓼义之不报"，又通作义。古莪、义字并从我声，仪从义声，并读如俄，故三字通用。（卷二十一·667 页）

　　按：马氏引汉碑说明"莪"作"仪"，是边考证边出结论。这

---

① 马瑞辰：《毛诗传笺通释》，北京：中华书局，1989 年，第539 页。

是第一层结论。接下来又引碑文说明"羛"作"义"，亦是边考证边出结论。这是第二层结论。最后是第三层，运用形声字的声音关系，判定三字声音相同，从而相互通用。第三层的结论，显然已经笼罩前两层。然而若无前两层结论，第三层结论就会失去坚实的文献证据，从而使声训流向随意，失去其科学性。

（4）绥与遗叠韵，绥之言遗，遗即诒也。（卷三十二·1160 页）

按：此条为疏释《商颂·那》"绥我思成"之"绥"字训。马氏考证如下：

瑞辰按：《尚书大传》："备者，成也。"《祭统》："福者，备也。"成为备，即为福。"绥我思成"为报福之词，与"祝告利成"同义。绥与遗叠韵，绥之言遗，遗即诒也。《烈祖》诗"绥我眉寿"义同。（以小字自注）《笺》训绥为安，失之。思为句中语助。"绥我思成"犹云贻我福，与《烈祖》诗"赍我思成"句法正同，亦谓赍我福也。《笺》以思为心所思，亦非。[1]

马氏首先考证"成"为"福"义，又运用内证法，认为此句与诗"祝告利成"同义，得出"成"为"福"义。"成"既训为"福"，则"绥"字当训为何？马氏由"绥"字字音联想到了"遗"字，认为二者音近义通，并且利用内证法证明二者确实音近义通。结论证出以后，马氏又运用内证法，再次证明了结论的正确性。

---

① 马瑞辰：《毛诗传笺通释》，北京：中华书局，1989 年，第 1160 页。

第三节　先行考证而后结论

（1）茔之言营，谓经营而区域之，即今所谓地界耳。（卷十一·356 页）

按：《唐风·葛生》"敛蔓于域"一句，马氏是为了疏通《传》所训"域"为"营域"一词的意思。马氏首先列出"营域"通作"茔域"时共两种意义：第一，墓地之义；第二，为界域之通称。在证明第二种意义时，马氏运用了两条旁证和一条内证。旁证一，引用《周官·小宗伯》"兆五帝于四郊"郑注"兆为坛之茔域"；又引用《典祀》"掌外祀之兆守，皆有域"，郑注"域，兆表之茔域"，从而得出"茔域"有"界域"的意思。旁证二，马氏还引用《周礼·小司徒》郑注及贾疏，说明"茔域"为"界域"之义。内证中，马氏认为此诗"敛蔓于域"承上章"敛蔓于野"言，又引《尔雅》说明野之远近不同各有茔域，从而得出《诗》所说"域"即为"界域"之义，也即《传》所训"营域"为"界域"之义。"茔域"既有"界域"的意义，马氏即以为"茔之言营，谓经营而区域之，即今所谓地界耳"。

（2）雷声谓之辚辚，车声谓之邻邻，其义同。（卷十二·362 页）

按：此条为疏通《秦风·车邻》"有车邻邻"之"邻邻"及其异文"辚辚"的意义。马氏考证为：

瑞辰按：《汉书·地理志》引《诗》作辚，张参《五经文字》

辚字注云"诗本亦作邻"，《说文》有邻无辚，《新附》有之，是古本作邻，辚乃后人增益之字。《文选》潘安仁《藉田赋》《注》、王元长《曲水诗序》《注》引《诗》并作"有车辚辚"。《三家诗》或有作辚者，遂并改《毛诗》作辚耳。《广雅》："辚辚，声也。"雷声谓之辚辚，崔骃《东巡颂》："天动雷霆，隐隐辚辚。"（自注）车声谓之邻邻，其义同。①

马氏列出《传》的解释"邻邻，众车声也"之后，连续举出四种古文献有关此句"邻邻"之异文"辚辚"的记载。由《汉书》《五经文字》《文选注》，马氏判定"邻邻"与"辚辚"相通，由《说文》断定《诗》本作"邻邻"，"辚辚"为后增益字，最后引《广雅》，证明二者义相同。又按：马氏最后的结论"雷声谓之辚辚""车声谓之邻邻，其义同"，其实是推求了同源词。

（3）"维石岩岩"，《传》："岩岩，积石貌。"《笺》："兴者，喻三公之位，人所尊严。"……瑞辰按：岩、严古通用。……今按《笺》云"喻三公之位，人所尊严。"《大学》郑《注》："岩岩，喻师尹之高严也。"皆取严义以释岩，其经字仍作岩岩。据《说文》："岩，崖也。"……《玉篇》："礹，嶜礹也。"则礹为积石貌，岩岩乃礹礹之假借。（卷二十·591—592页）

按：此条为疏释《小雅·节南山》"维石岩岩"之《传》"岩岩，积石貌"。马氏首先考证"岩"和"严"通，后又据古籍实例，均是以"严"释"岩"，即"经字仍作岩岩"。这是第一层意思。接下来根据《说文》《玉篇》考证"礹为积石貌"，从而得出结论"岩

---

① 马瑞辰：《毛诗传笺通释》，北京：中华书局，1989年，第362页。

岩乃礧礧之假借"。这就解释了《传》为何以"积石貌"释"岩岩"。

（4）炎音淫，淫与炎为双声，故通用。（卷二十·592 页）

按：此条为疏释《小雅·节南山》诗"忧心如惔"之"惔"字训。马氏的考证如下：

> 瑞辰按：今本《说文》惔字注云"忧也"，引《诗》"忧心如惔"。段玉裁谓《说文》引《诗》释惔从炎之义，当作"忧心如炎"，是也。《说文》炎字注云"小熟也"……引《诗》"忧心炎炎"。以《释文》引《说文》惔作炎证之，知"炎炎"当为"如炎"之讹。……《方言》《广雅》并曰："焔，明也。""如焔"与"如炎"字异而义同。炎音淫，淫与炎为双声，故通用。盖《说文》兼采毛、韩《诗》，作"如炎"者《韩诗》，作"如炎"者《毛诗》也。小熟之训，与《毛传》训燔正同。……惟或作炎，或作炎，始得言"如"。惔本训忧，若经作惔，是犹云"忧心如忧"，为不词矣。[1]

马氏首先列出《说文》两处引用此诗句的异同，根据《释文》所引此句以及段玉裁的考证，得出《说文》两引此句分别为"忧心如惔""忧心如炎"。接下来根据《方言》《广雅》判定"惔""焔"意义相同，再进一步从声音上找联系，"焔音淫，淫与炎为双声"，最终得到"故通用"的结论。

---

① 马瑞辰：《毛诗传笺通释》，北京：中华书局，1989 年，第 592 页。

第四节 无确凿证据以"盖"表述

（1）《传》盖以条为槄字之假借，故知条即槄。（卷十二·386 页）

按：此条为疏解《秦风·终南》诗"有条有梅"之"条"字训。

瑞辰按：《尔雅》："槄，山榎。"郭《注》："今之山楸。"又曰："柚，条。"郭《注》："似橙，实酢，生江南。"无条槄之训。《毛传》训条为槄者，柚条为南方之木，非终南所有，故不得以条为柚。攸声、舀声古同部通用。《淮南子·墬形篇》"东方曰条风"，《吕氏春秋·有始览》作"滔风"，《论语》"滔滔者"，郑本作"悠悠"，是其证也。《传》盖以条为槄字之假借，故知条即槄。①

马氏在没有找到"条槄之训"的情况下，开始以声音的联系来寻求假借，但又无确凿的证据，只得仅据诗义得出结论。

（2）又按：除者，殿陛之名。训开者，盖以除为捈之假借。（卷十七·511 页）

按：此条为马氏考证如下：

---

① 马瑞辰：《毛诗传笺通释》，北京：中华书局，1989 年，第 386 页。

又按除者，殿陛之名。训开者，盖以除为捈之假借。《说文》："捈，卧引也。"《广雅》："捈，引也。"《法言·问神篇》"捈中心之所欲"，宋咸注："捈，引也。"《说文》："引者，开弓也。"假除为捈，故训开，开即引也。①

马氏由"除"的声音联想到"捈"，考证出"捈"的意义为"引"。又根据《说文》"引"为"开弓"之义，从而判断"捈"有"开"义。这是根据词义展转相训，没有文献佐证，马氏并不轻易断定。

（3）盖问字通作闻。（卷二十四·800页）

按：此条为疏释《大雅·文王》诗"宣昭义问"之"问"字。此"问"字，《传》不释，《笺》以本字"问"释之。马氏不同意《笺》之训，认为"宣昭犹言明昭，义问犹言令问"，又认为"《说文》'闻，知声也'"的引申义为"声问"，从而判定"问"字通作"闻"。这里马氏只是根据诗义猜测，并无文献佐证，故不敢全然断定。

（4）"自求辛螫"……《释文》引《韩诗》作"辛赦"，云："赦，事也。"按赦《说文》训置，不得训事，赦即螫字省其半耳。训事者，盖以螫为赦之同音假借。《尔雅·释诂》："赦，劳也。""事，勤也。"勤、劳同义，故赦可训劳，即可训事。（卷三十·1100页）

按：此条为了训释《韩诗》中的异文"赦，事也"。第一步根据《说文》判定"赦即螫字省其半"，也即马氏认为《韩诗》之

---

① 马瑞辰：《毛诗传笺通释》，北京：中华书局，1989年，第511页。

"赦"其实当作"螫"。其实这一步就是推测了，马氏并未举出文献的用例，因而缺乏文献证据。第二步，马氏又推测"螫为赦之同音假借"，也即认为《韩诗》之本字"螫"尚是假借字，其本字为"赦"。最后根据《尔雅》得知"赦"的意义，从而解释了《韩诗》的"赦，事也"的训诂。

总之，《通释》一书体例较为简单，主要以《说文》《尔雅》及相关古籍古注等解说《传》《笺》，并间及孔《疏》、《三家诗》。总体来看，其考据言简意赅，并不冗长繁琐。考据当长则长，在聚讼不已之处，不但考证《传》《笺》，而且还要串联解释相关的语词；当短则短，有些考证仅一句带过。

第四章 对《通释》声训条目语音的考察

第一节 训释词与被训释词语音关系

语音是个复杂的问题。声训的语音关系有音同和音近两种，一般来说音同没什么问题。至于音近，则是各家有各家的标准，从双声说到叠韵说，再到双声兼叠韵说，语音标准越来越严。据马景仑对《释名》一书中训释词与被训释词之间的语音关系的归纳，除去41.37%的双声叠韵外，还有双声准叠韵16.53%、叠韵准双声16.45%、准双声准叠韵8.23%；又有双声2.66%、准双声2.10%；叠韵7.26%、准叠韵3.47%，以及声韵都不相同的1.93%。[①] 学者普遍认为刘熙的声训在语音方面是可信的。然而，按照本书对声训的理解，训释词与被训释词的语音须相同或相近，因此声韵均不相同的情形不在本书考察的范围之内。本书对音近的标准与刘氏一致，只要声、韵有一方面相同或相近，就将其视为声训。据此，《毛诗传笺通释》声训中的训释词与被训释词的语音关系，就可以分为八种类型，即双声叠韵、声同韵近、声同韵殊、声近韵同、声殊韵同、声近韵近、声近韵殊、声殊韵近。对于声与声、韵与韵关系的界定，各家的说法也不同，本书的依据是王力的《同源字典》。声纽和韵部

---

① 参见马景仑：《〈释名〉易字之训的语音分析》，《古汉语研究》，1991 年第 4 期。

划分的依据是郭锡良的《汉字古音手册》。在韵部系统中：①《同源字典》中的沃部和《汉字古音手册》中的药部对应，是同一部；②《同源字典》中的盍部和《汉字古音手册》中的叶部对应，是同一部；③《诗经》时代侵部尚未分化，《汉字古音手册》将侵部的合口标作冬部，所以，《汉字古音手册》中的冬部应该归为《同源字典》中的侵部，看成同一部。在声纽系统中：①《同源字典》中的喻母和《汉字古音手册》中的余母对应，是同一母；②《同源字典》中的照母和《汉字古音手册》中的章母对应，是同一母；③《同源字典》中的穿母和《汉字古音手册》中的昌母对应，是同一母；④《同源字典》中的神母和《汉字古音手册》中的船母对应，是同一母；⑤《同源字典》中的审母和《汉字古音手册》中的书母对应，是同一母；⑥《同源字典》中的床母和《汉字古音手册》中的崇母对应，是同一母。下面以王力的古音系统为指导，对《通释》一书声训条目的语音关系进行再认识。其语音关系可分为以下八种。

一、双声叠韵

双声叠韵，即二字声纽相同，韵部同部。韵部不同于韵母，韵部同部，只要求韵母的主要元音相同和韵尾相同（如果有韵尾的话）。例如：

（1）鸷或假借作挚。（卷二·30页）

按：鸷，章缉；挚，章缉。①

---

① 本书所涉汉字的上古音，均以郭锡良《汉字古音手册》所列为准。为避繁琐，下文不再出注。

（2）幽、深义近，幽与窈亦双声也。（卷二·31 页）

按：窈，影幽；幽，影幽。

（3）仇与求双声。（卷二·32 页）

按：仇，群幽；求，群幽。

（4）凡《诗》言于穆、穆穆者，皆嫪字之假借。（卷二十八·
1041 页）

按：穆，明觉；嫪，明觉。

二、声同韵近

所谓韵近，按照王力《同源字典》里的规定分为以下几种：对
转、旁转、旁对转、通转。[①]

（1）崔嵬通作隹隗。……又转作厜羸。（卷二·44 页）

按：嵬，疑微；隗，疑微；羸，疑歌。前两词韵同，与后者微
歌对转。

（2）又荒与幠一声之转。（卷二·50 页）

按：荒，晓阳；幠，晓鱼。阳鱼对转。

---

① 参见王力：《同源字典》，北京：商务印书馆，1982 年，第 14－16 页。

（3）倬从卓声，箌从到声，古音同部，故通用。（卷二十二·713页）

按：卓，端药；到，端宵。韵部药和宵对转。

三、声同韵殊

所谓韵殊，就是指韵部没有对转、旁转、旁对转、通转等几种语音关系，也即相差很远。

（1）参差双声。（卷二·32页）

按：参，初侵；差，初歌。侵歌相差甚远。

（2）履与禄双声，故履得训禄，即以履为禄之假借也。（卷二·50页）

按：履，来脂；禄，来屋。脂屋相差甚远。

（3）肄与馀亦一声之转，故肄亦可训馀。（卷二·65页）

按：肄，余质；馀，余鱼。质鱼相差甚远。

（4）又念与尼双声。（卷十九·569页）

按：念，泥侵；尼，泥脂。侵脂相差甚远。

四、声近韵同

所谓声近，按照《同源字典》里的规定分为以下几种：双声、准双声、旁纽、准旁纽、邻纽。①

（1）宨与姚通，姚冶一作宨冶。（卷二·31 页）

按：宨，定宵；姚，余宵。定余准旁纽。

（2）施、弛古通用。（卷二·35 页）

按：施，余歌；弛，书歌。余书旁纽。

（3）肔与施亦声近义同。……经典作施者，多攺字之假借。（卷二·36 页）

按：肔，余歌；施，余歌；攺，书歌。余书旁纽。

（4）震即娠之声近假借。（卷二十五·874 页）

按：震，章文；娠，书文。章书旁纽。

五、声殊韵同

所谓声殊，是指声纽没有准双声、旁纽、准旁纽、邻纽等几种语音关系。

---

① 参见王力：《同源字典》，北京：商务印书馆，1982 年，第 18 – 20 页。

（1）流、求一声之转。（卷二·32 页）

按：流，来幽；求，群幽。来群相差甚远。

（2）虺隤二字叠韵。（卷二·44 页）

按：虺，晓微；隤，定微。晓定不相近。

（3）角、鹿古同声。……鹿即角之假借。（卷二·47 页）

按：角，见屋；鹿，来屋。见来不相近。

（4）与当读为举。（卷十八·531 页）

按：与，余鱼；举，见鱼。声纽余为舌面音，见为牙音，并非相近，相差甚远。

六、声近韵近

（1）而凡梦亦通言寤。（卷二·33 页）

按：梦，明蒸；寤，疑鱼。明疑邻纽，蒸鱼旁对转。

（2）崔嵬通作嶊隗。……又转作厜羛。（卷二·44 页）

按：崔，清微；嶊，定微；厜，精歌。嵬，疑微；隗，疑微；羛，疑歌。清定邻纽，清精旁纽，微歌对转。

（3）辰、真音义相近。（卷二·52页）

按：辰，禅文；真，章真。禅章旁纽，文真旁转。

（4）珍、尽以叠韵为义，尽亦病也。（卷二十七·1034页）

按：珍，定文；尽，从真。声纽定从邻纽，韵部文真旁转。

七、声近韵殊

（1）案鳊、鲂、鲏三字皆一声之转。（卷二·66页）

按：鳊，帮真；鲂，并阳；鲏，滂之。帮、并、滂旁纽。

（2）鸲鹆双声字，鹊鹩亦双声字，鹊鹩即鸲鹆之转声。　（卷三·72页）

按：鸲，群侯；鹆，余屋；鹊，见质；鹩，见觉。群见旁纽；侯质相差很远。余见相差很远；屋觉旁转。此条目鸲与鹊声纽为旁纽关系，而韵部则相差很远。

（3）追即雕之假借。（卷二十四·827页）

按：追，端微；雕，端幽。微幽相差很远。

（4）驳、饱以双声为义。（卷三十一·1131页）

按：駜，並质；饱，帮幽。声纽駜帮为旁纽，而韵部质幽相差甚远。

八、声殊韵近

（1）窈窕二字叠韵。（卷二·31页）

窈，影幽；窕，定宵。幽宵旁转。

（2）肄与枿双声，故枿可假借作肄。（卷二·65页）

按：肄，余质；枿，疑物。质物旁转。

（3）遗从贵声，与委音近，故委又通遗。（卷三·89页）

按：遗，余微；委，影歌。影余相差很远，歌微旁转。

（4）古音旂从斤声，读如邻。（卷二十三·761页）

按：旂，群之；邻，来真。声纽群、来相差甚远，韵部之、真旁对转。

下面将《周南》一卷，共八十一条声训条目的训释词与被训释词之间各种语音关系的数目和比例列表：

表4-1　《通释》对《周南》声训条目语音关系之分类

语音关系	双声叠韵	声同韵近	声同韵殊	声近韵同	声殊韵同	声近韵近	声近韵殊	声殊韵近	合计
数目	37	9	8	8	10	6	1	2	81
百分比	45.7%	11.1%	9.9%	9.9%	12.3%	7.4%	1.2%	2.5%	100.0%

　　由此一卷可看出《通释》中的声训条目，其训释词与被训释词在语音上属于双声叠韵的几乎占半数，而声近韵殊、声殊韵近，也即声纽和韵部只有一方面相近的情况仅是个别现象。由此还可看出在运用声训进行解释时，马氏在考虑语音相同或相近的条件时还是很谨慎的，正如他在《通释》中所言："以古音古义证其讹互，以双声叠韵别其通借。"①

第二节　马氏古音体系管窥

　　清儒主要是通过对古韵文的韵字系联、谐声系统的分析、经传异文重文的读音比较、古注音切以及声训材料的分析，并以《广韵》为参照系来上推古音的。南宋吴棫当算系统研究上古韵部的第一人，他将古韵分为九部。而后明末陈第作《毛诗古音考》奠定《诗经》古音研究的理论基础，而对古韵分部却并无新见。清代从顾炎武到万光泰、王念孙、江有诰、夏炘，古韵分部逐渐精密。后章太炎在夏炘的基础上分古韵二十三部，黄侃又在章氏的基础上将锡、铎、屋、沃、德五个入声韵部，从阴声韵中独立出来，成二十八部。王力在黄侃的基础上增微部、觉部，遂成今人所熟悉的古韵三十部。

---

　　① 马瑞辰：《毛诗传笺通释》，北京：中华书局，1989年，自序第1页。

至于声纽，上古声类研究材料有限，故清儒在考证上古声类时均采用归纳法，把中古不同声类的字移至上古文献中，去考察它们的关系，通过大量相通的例证，来推断中古两个声类在上古为同一声类。而现代音韵学者则运用演绎法，将清儒认为是同一类的声类，判定为上古只是相近的声类，而不能归并为同一音位。由此，黄侃运用归纳法考定上古声纽十九纽，而王力则运用演绎法，提出上古三十二声纽系统。

一、马氏对古音学成果的吸收及误用

以马氏（1777—1853）的生平来看，其有可能了解到的上古音研究成果，在上古韵分部方面，最多到江有诰（？—1851）的二十一部；上古声纽考定方面，最多到钱大昕（1728—1804）的古无轻唇音、古无舌上音、古无正齿音。马氏在运用声训训释词义时，大量地运用清代学者上古音研究成果。有些是直接引用，而有些则是在前人基础上有所发挥。

（1）"不可休息"……息与思同在心母，以双声为韵。……古双声字多通用，思之通息，亦以其字同母耳。（卷二·61页）

按：息，心职；思，心之。马氏不说二字叠韵，说明马氏没有将之部与职部看成一部。段玉裁、王念孙之职不分，而戴震则主张入声独立、之职分立，故此条可看成是马氏对戴震入声独立、之职分立成果的运用。

（2）"已焉哉"，瑞辰按：论古音皆以下二句为、何相协，此句焉字非韵。惟孔广森云："《诗》之语助，不出支、之、鱼、歌四部，如支部只、斯，之部之、而、哉、思、止、矣、忌，鱼部且、女，歌部猗、兮、也、我，而无阳声之字。其焉字有用为助句者，即当改读于何反音。《北门》末三句以焉、为、何相协。"今按孔说是也。（卷四·152 页）

按：直接引用孔广森的上古音研究成果，说明《邶风·北门》"已焉哉！天实为之，谓之何哉！"之"焉""为""何"协韵。

（3）"弓矢既调，射夫既同"，瑞辰按：此诗以中二句调、同为韵……孔广森曰："调字从周，古或从用声，为谐声之变法。"钱大昕谓："同、调以双声为韵。"今按：钱说是也。《诗》古音有正韵，有通韵，其通韵多以同声相转，即双声也。（卷十八·555 页）

按：马氏为了说明"调"与"同"协韵，先引孔广森的说法，但并未认可，而是作为异说。马氏认可的是钱大昕的说法。接着马氏在钱说的基础上进行发挥，概括了《诗经》中此类协韵的规律。

（4）"克长克君"，瑞辰按：君本文韵之类。此诗以君与类、比相协，则转读若威，为微韵之类。……孔广森曰："《集韵·八未部》有窘字，巨畏切，此君音当同之。《易》'顺以从君也'与'其文蔚也'为韵，读法正同。"（卷二十四·847 页）

按：此条为训释"君"之协韵。马氏引孔广森的古音学研究成果，即"窘"字有读威音的情形，而"窘"和"君"同音，故判定"克长克君"之"君"亦音读为威，从而"与类、比相协"。

（5）"草不溃茂"……又按孔氏（广森）《诗声类》曰："《诗》中幽韵与之通者八见，此诗茂、止为韵，其一也。……"戚学标

《毛诗证读》又引《汉书叙传》"侯王之祉，祚及孙子，公侯蕃滋，枝叶硕茂"……皆之、幽韵通之证。顾氏《古音考》①以此章为无韵，失之。（卷二十七·1036–1037页）

按：马氏这里引孔广森的古音学研究成果，训释《大雅·召旻》"如彼岁旱，草不溃茂，如彼栖苴。我相此邦，无不溃止"之"茂"与"止"协韵。后又批驳顾炎武认为此章无韵的说法。

总体来看，马氏广泛吸收清代学者的古音研究成果，尤其是孔广森的成果，并将其运用到对《传》《笺》《疏》的训释，以及指明《诗经》诗句的韵读之中。当然，在这一过程中，马氏亦有误用，主要表现在未考古音而失之臆测。其情况如下：

（1）窈窕二字叠韵。（卷二·31页）

按：窈，影幽；窕，定宵。依王力的上古音系统来看，二字的韵部属于旁转关系，算是韵近，并不是叠韵，而马氏将二者定为叠韵。清代只有顾炎武幽、宵不分。顾炎武之所以幽、宵不分，正如江永批评他"考古之功多，审音之功浅"。江永幽、宵分立，考虑了韵母"侈弇"的因素。侈音，口侈而声大；弇音，口敛而声细，实际上就是指韵母中元音开口度的大小。王力拟幽部 [u]、宵部 [o]。瑞辰父宗琏从王念孙游，瑞辰又承家学，故对王念孙的上古音体系是了解的。而按照王念孙的上古音体系，这里也只能是韵近，并非叠韵。窈、窕二字今音叠韵，马氏很可能是没有仔细考定古韵，

① 此处《古音考》当为《古音表》。明末陈第作《毛诗古音考》，这里显然非指此书。顾炎武有《音学五书》，其中之一便是《古音表》。马氏在书中引顾炎武此书时统称"顾氏《古音表》"，如"又按顾氏《诗本音》言此诗首二句无韵，下文王、方为韵，天、闲"为韵。（卷三十·1120页）

以今音臆测古音，遂判为叠韵。

（2）辗与展音近而义同。（卷二·34页）

按：辗，端元；展，端元。依王力系统二字本同音，而马氏却认为是音近。"辗"与"展"是谐声字与被谐声字的关系，古同音。马氏知道二字具有谐声关系，并且知道谐声字的语音随时代的发展要发生变化，故不考古音，臆测二字在《诗经》时代语音已经分化，从而认为是音近关系。

（3）移易、延易，古音义并同。（卷二·35页）

按：移，余歌；延，余元。依王力系统歌、元对转，而马氏将二字看成同一韵部。马氏之前的任何一家，从顾炎武到江有诰，歌、元都是分立的。移、延二字今音声母相同，马氏未考古韵，认为二字音同。

（4）貤与施亦声近义通。（卷二·36页）

按：貤，余歌；施，余歌。依王力系统二字同音，马氏将二字看成声近。二字今同音。《说文》："貤，重次第物也。从贝也声。""施，旗旖施也。从㫃也声。"[1] 二字同由"也"得声，古同音。马氏知其具谐声关系，并知谐声字的语音随时代的发展而发生变化，故不考古音，臆测二字在《诗经》时代语音已经分化，从而认为是音近关系。由此可知，马氏未考古音，以今音臆断。

---

① 许慎撰，段玉裁注：《说文解字注》，上海：上海古籍出版社，1981年，第281、311页。

这种不足，在《通释》一书中时而可见。当然，这一方面是由马氏主观原因造成，而另一方面原因则是，以当时的古音学研究水平，并非所有的字词都能查出其所归属的声纽和韵部，因此亦有不得已而为之的情形。

二、马氏古音体系的不足

整体上看，马氏对古音的运用是较为审慎的，然而其古音体系本身的缺陷，亦导致一些训诂问题的产生。马氏并未将自己的古音研究成果形诸文字，而是灵活地运用于训诂实践。因此对其古音体系的把握只能依据其声训实例，而得到一些零散的认识。现以王力上古音体系为参照，考察《通释》一书中的声训实例，可知马氏的上古音体系有以下几点不足：

一是药、宵不分。如"乐……古音读同劳来之劳，故诗以与芼韵"[1]。乐，来药；劳，来宵；芼，明宵。依王力的上古音系统来看，药、宵对转，而马氏将其看成同部，也即药、宵不分。在马氏之前的古音研究成果中，只有戴震药、宵分立。由此可知，马氏没有吸收戴氏的药、宵分立这一古音研究成果。

二是支、脂、之不分。如"革、鬲古同音，革当为䩇之同音假借"[2]。革，见职；鬲，来锡；䩇，溪锡。职锡旁转，见来相差很远，见溪旁纽。马氏之所以判定革、鬲古同音，很可能是因为其联想到革、隔今音同，进而推出古音革、隔亦同。而依王力系统，古音"隔，见纽锡部"，与"革"同纽，只是韵部不同。《说文》："隔，塞也。从阝，鬲声。"[3] 故马氏认为革、鬲亦同音，也即认为

---

①　马瑞辰：《毛诗传笺通释》，北京：中华书局，1989 年，第 34 页。
②　马瑞辰：《毛诗传笺通释》，北京：中华书局，1989 年，第 90 页。
③　许慎撰，段玉裁注：《说文解字注》，上海：上海古籍出版社，1981 年，第 734 页。

职、锡不分，为一部。根据段玉裁的古音研究成果，支、脂、之三分（这里的锡即属于支，职即属于之）。由此可知，马氏并未吸收段氏的成果。段氏这一成果是其创见，为以后学者以及他的老师戴震所吸收，成为定论。而段氏之前的古音学者，如顾炎武、江永、万光泰则皆支、脂、之不分。

三是舌、牙音相混。如"角、鹿古同声……鹿即角之假借"①。角，见屋；鹿，来屋。依王力古音系统，见为牙音，来为舌头音，非同声，而马氏将其看成同声。由此可知，马氏舌音、牙音相混。再如"肄与枿双声，故枿可假借作肄"②。肄，余质；枿，疑物。余、疑相差很远，而马氏将其看成双声。余，舌面音；疑，牙音。亦是如此，舌、牙音相混。再如"鸲鹆双声字"③。鸲，群侯；鹆，余屋。群属于牙音，余属于舌音，相差很远，而马氏将其看成双声。故舌音、牙音相混。

四是舌、齿音相混。如"斟斟音义与蛰蛰同"④。斟，精缉；蛰，定缉。依王力系统，精为齿头音，定为舌头音，精定邻纽，非同声，而马氏将其看成同声。由此可知，马氏舌音、齿音相混。

五是喉音、牙音相混。如"溍泹二字双声，溍与厌亦双声。溍泹通作厌泹，犹愔愔通作厌厌也"⑤。溍，溪缉；泹，影缉；厌，影叶。溪，喉音；影，牙音，本为邻纽，而马氏认为是双声，也即声纽相同。由此可知，马氏喉音、牙音相混。

六是舌头、舌面音相混。如"迟、夷古同声，倭、郁亦一声之转"⑥。迟，定脂；夷，余脂。定舌头音，余舌面音，为准旁纽，而

---

① 马瑞辰：《毛诗传笺通释》，北京：中华书局，1989 年，第 47 页。
② 马瑞辰：《毛诗传笺通释》，北京：中华书局，1989 年，第 65 页。
③ 马瑞辰：《毛诗传笺通释》，北京：中华书局，1989 年，第 72 页。
④ 马瑞辰：《毛诗传笺通释》，北京：中华书局，1989 年，第 53 页。
⑤ 马瑞辰：《毛诗传笺通释》，北京：中华书局，1989 年，第 85 页。
⑥ 马瑞辰：《毛诗传笺通释》，北京：中华书局，1989 年，第 89 页。

马氏认为是同声。由此可知，马氏舌头舌面音相混。

七是唇、牙音相混。如"倪、盘二字双声，故通用。倪之转为盘"①。倪，溪元；盘，并元。依据王力系统，溪为牙音，并是唇音，且声纽溪并，相差甚远。其实在整个清代，学者并未论及牙音和唇音分合的情况，也即在语音分化演变的历程中，牙音和唇音都是界划清晰的。而马氏却判定为双声，也即是同一声纽。由此可知，马氏唇音、牙音相混。

然而，瑕不掩瑜，以今天的古音学成就为标准来打量马氏的古音体系，是不免苛刻的。从另一角度来看，马氏并非专门的音韵学家，他对古音的研究是为其训诂服务的。马氏是训诂学家，这决定了他与当时或今天的音韵学者具有本质上的不同。换句话说，马氏的古音体系，虽并不完全合乎今天科学的音韵学理论，但其对声训来说，反而显现出特殊的价值。

三、马氏古音体系的价值

马氏的古音体系，其价值主要体现在两个方面：一是有助于解决古籍中的训诂问题，二是有助于充实古音学理论。

首先看其对古籍中训诂问题的解决。王力的上古音系统多被音韵学界所采用，这一体系主要是从认知的角度去研究，不仅精密，而且科学，具有很大的现代音韵学价值。然而，在利用传统训诂学去解决古书音义的问题时，其与清儒相对而言较为粗疏的古音系统，对比来看则各有利弊。声训能成立的语音条件是听起来相同或相近，而不是根据科学研究所得出具体音位的相同或相近。关于这一点，瑞士语言学家索绪尔曾指出：

---

① 马瑞辰：《毛诗传笺通释》，北京：中华书局，1989 年，第 805 页。

许多音位学家差不多都只注重发音动作，即用发音器官（喉头、口腔等等）发出声音，而忽略了听感方面。这种方法是不正确的：在我们耳朵里的产生的印象不仅与器官的发动形象一样直接，而且是整个理论的自然基础。……我们只有在听到的语链中才能马上辨出那是否还是同一个声音；只要它给人的印象是同质的，那就是同一个声音。……这就是音位研究的自然出发点。①

这虽然讲的是研究音位的原则，但也是判定声训语音条件的原则。声训的训释词与被训释词，其语音由于分化、方言、人为、社会等等因素，变化非常复杂，很难用发音部位及动作的不同来判定其间的种种变化关系。而声训的语音条件就是以自然的听觉印象为基础的。因此只要在听觉上相同或相近，就可判定声训成立。有些古训的被训释词与训释词的语音关系，若以王力的古音系统为标准，也许并不能被判定为音同或音近，而在古书上它们却是可由声音相同或相近来训诂的。因此马氏虽是以当时较粗疏的古音系统来进行声训，但其在训诂学上依然具有一定的价值。如：

（1）馗古音如鸠，与龟叠韵。（卷二·58 页）

按：馗，群幽；龟，见之。依王力系统，幽、之旁转，而马氏认为叠韵。虽然以王力系统来看亦不影响其声训的成立，然而可以明显看出马氏运用的是较粗疏的古音体系，能更好地说明"馗"之得名的由来。

---

① 费尔迪南·德·索绪尔著，沙·巴利、阿·薛施蔼、阿·里德林哥合作编印，高名凯译，岑麒祥、叶蜚声校注：《普通语言学教程》，北京：商务印书馆，1980 年，第 69–70 页。

（2）迟、夷古同声。（卷三·89页）

按：迟，定脂；夷，余脂。二者同韵部，定余准旁纽，而马氏认为二者同声，也即声纽相同。依王力系统，定母属舌头音；余母，也即喻四，属舌面音，二者并不是同一音位，只能认为它们是两个读音相近的声系。而其后曾运乾则明确提出"喻四归定"之说，从谐声关系上举出很多古书上的例证，说明定母、余母关系密切。由此可见，马氏也注意到古书上定母、余母有相通的可能性，只是没有将其作为音韵学上的现象来看待，而是直接将其运用于训诂实践中。而音位的分析对于训诂实践来说不具有直接的意义，因为训诂实践只注意读音的相同或相近。

（3）裯音通帱，裯帐以双声为义。（卷三·94页）

按：裯，定幽；帐，端阳。定端旁纽。依据王力古音系统，定端旁纽，而马氏认为是双声。按照王力的音理分析，二者都是舌尖音，定属于塞浊音，吐气；端属于塞清音，不吐气。由此可见，马氏的古音体系亦没有超越同时代学者的局限，即强于考古，而弱于分析音理，故断定本有差别的语音为相同。然而，在训诂实践中这种差别是不必考虑的。

（4）"忧心如惔"……淫与炎为双声，故通用。（卷二十·592页）

按：淫，余侵；炎，匣谈。按照王力系统来看，声纽余为舌音，匣为牙音，二者相差甚远，并不能作为判定声训成立的语音条件。事实上，韵部侵谈为旁转，依然符合声训的语音条件。也就是说，马氏在训释"淫"与"炎"相通时，虽并没有正确指出二者之间的语音关系，然而却正确地训释出古籍字词的词义。

当然，粗疏的古音体系也有弊端，就是扩大音同音近的范围，容易使声训过滥。因此，声训要取其中，既不要过于精密，又不能过于宽泛。

其次看对古音学理论的充实。马氏的古音学研究成果散见于《通释》一书之中，虽几无创新，但亦偶有发明修补。

（1）支佳为耕清之阴声，古音互相通转。苟为敬字所从得声，在耕清部，转入支部，读如几。……亟、几一声之转，故诗以苟与逝、舌为韵。（卷二十六·952页）

按：此条所反映马氏的古音学研究成果主要是"阴阳对转"说。其实，"阴阳对转"说肇端于顾炎武，后戴震明确提出此说，即收塞音韵尾的入声韵、收元音韵尾的阴声韵与收鼻音韵尾的阳声韵，在上古时期可相互转化。马氏对此理论虽无突破，但运用它进行训诂实践，亦可看作是对理论的一种验证。

（2）盖古字亦有数读，务本在尤幽部，转读得与戎韵也……或疑蒙在东韵，戎在冬韵，东、冬之界，唐人始淆之。然《旄丘》诗"狐裘蒙戎"与东、同相协，则东、冬亦间有合韵者，不得谓"狐裘蒙戎"一句为非韵也。（卷十七·504－505页）

按：《诗经》合韵的问题，段玉裁提出并有精深的见解，认为《诗经》存在合韵的现象，只是不是随便就可以合韵，而是要看远近。马氏利用段玉裁这一古音研究成果，对《诗经》的押韵作出了说明。关于合韵，王力说："不知有合韵，则或以为无韵，或指为方言，或以为学古之误，或改字以就韵，或改本音以就韵。这都是错误的。"①

（3）"饮酒之饫"……此诗又假饫为醧。以古音读之，醧与豆、具、孺韵正协，作饫则声入萧宵部，《毛诗》盖读饫如醧也。（卷十七·506 页）

按：此条亦是马氏利用古音研究成果，对《诗经》的押韵作出说明。

（4）"福禄来为"按古音无平去之分，为字并读若讹。（卷二十五·899 页）

按："古无平去之分"，其实从顾炎武的"入声韵配阴声韵"之说开始便已奠定了基础。后江永又谓阴、阳可共一入，推进了阴阳入三声韵配合关系的研究。段玉裁则确立了"古无平去之分"的古音学基本理论。马氏运用这一古音研究成果，说明了《诗经》的韵读问题。

综上，马氏的古音体系，在传统的训诂学上仍然具有一定价值。虽然马氏的古音体系不能被系统地考知，但可知其基本没有超越同时代学者的古音研究水平。然而马氏将这些古音研究成果运用到实践中，便是对古音学理论的充实。

---

① 王力：《清代古音学》，北京：中华书局，2013 年，第 82 页。

第五章　对《通释》声训条目字形的考察

谈起声训，大多数人都要从声音上讲起，本章试从另一个角度——字形关系，来考察《通释》的声训。我们知道，每一个字的源流变化都极其复杂，必须对其进行深入考察，才能得出相关文字在字形上的正确关系。仅从字形表面判断二字的字形关系，很容易产生错误。比如，"𠬝""服"二字，若从字形表面上去判断，则很容易得出二字是初文与孳乳字关系的结论，而事实并非如此。经考察，《通释》声训条目的训释词与被训释词，其字形关系主要有以下四种：分化字关系、异体字关系、古今字关系、无字形关系。

第一节　被训释词与训释词是分化字

裘锡圭在其《文字学概要》中说："分散多义字职务的主要方法，是把一个字分化成两个或几个字，使原来由一个字承担的职务，由两个或几个字来分担。我们把用来分担职务的新造字称为分化字，把分化字所从出的字称为母字。"① 也就是说，分化字的概念主要是从造字这一层面上来讲的。《通释》一书中的声训，有不少其实是指

---

① 裘锡圭：《文字学概要》（修订本），北京：商务印书馆，2013 年，第 214 页。

出了文字之间的分化关系的。

（1）夭夭者，枖枖之假借。（卷二·54页）

按：夭，影宵；枖，影宵。二字双声叠韵。《说文》："夭，屈也。从大，象形。凡夭之属皆从夭。"[1]　"枖，木少盛貌。从木，夭声。《诗》曰：'桃之枖枖'。"段玉裁注："'声'疑衍文。以会意包形声也。"[2]"盛"与"大"意义相关，故由段注可看出"枖"字加木旁，是为了表示"夭"字的"木少盛貌"这一引申义。"枖"，是随着"夭"字意义的引申而分化的新字，故二者是分化字的关系。"夭"是母字，而"枖"是分化字。

（2）辗与展音近而义同。（卷二·34页）

按：辗，端元；展，端元。二字双声叠韵。"展""转"二字皆不见于徐中舒主编的《甲骨文字典》[3]。《说文》："展，转也。从尸，襄省声。"[4]　而"辗"字不见于《说文》。《经典释文》云："辗本亦作'展'，哲善反。吕忱：'从、车展。'"[5]　由此可知，"辗"字是由"展"分化而来，加注意符"车"很可能是为了明确本义。而分化以后，《说文》将其视为俗体不收，至晋吕忱《字林》则收入。

---

① 许慎撰，段玉裁注：《说文解字注》，上海：上海古籍出版社，1981年，第494页。

② 许慎撰，段玉裁注：《说文解字注》，上海：上海古籍出版社，1981年，第249页。

③ 徐中舒主编：《甲骨文字典》，成都：四川辞书出版社，1988年。

④ 许慎撰，段玉裁注：《说文解字注》，上海：上海古籍出版社，1981年，第400页。

⑤ 转引自毛亨传，郑玄笺，孔颖达疏，陆德明音释，朱杰人、李慧玲整理：《毛诗注疏》，上海：上海古籍出版社，2013年，第31页。

（3）鹜或假借作挚。（卷二·30 页）

按：鹜，章缉；挚，章缉。二字双声叠韵。执，《说文》："捕罪人也。从丮㚔，㚔亦声。"① 《甲金篆隶大字典》引董作宾《殷历谱》云："㚔，象手械，盖加于俘虏之刑具也。"② 由甲骨文可以看出，"执"象一个戴着刑具的人。挚，《甲金篆隶大字典》引孙海波《甲骨文编》云："象罪人被执，以手抑之之形。"③ 由甲骨文可明显看出，"挚"是由"手""执"会意而成。故《说文》："挚，握持也。从手执。"④ 挚，本握持义。鹜，《说文》："击杀鸟也。从鸟，执声。"段玉裁注："击杀鸟者，谓能击杀之鸟。……杀鸟必先攫搏之，故从执。"⑤ 也就是说，段氏认为"鹜"是会意兼形声。这里段氏将"执"看成有攫搏之义，也即将"执"看成"挚"的握持义，而由上面对"执"字的考证可知，"执"只是戴刑具的罪人之义，并没有握持之义。段玉裁说从执，很可能是从挚省，本当从挚。由以上考证可得出，"挚"算是初文，而"鹜"则是其挚乳字，二字具谐声关系。这里马氏利用声训破除很多假借，而这些所谓假借字其实是分化字的关系。

（4）惩古通作征。（卷十九·570 页）

按：征，《字源》："西周所见当为形声字。从辵，𨑒声。……

---

① 许慎撰，段玉裁注：《说文解字注》，上海：上海古籍出版社，1981 年，第496 页。

② 本书编写组：《甲金篆隶大字典》，成都：四川辞书出版社，2010 年，第105 页。

③ 本书编写组：《甲金篆隶大字典》，成都：四川辞书出版社，2010 年，第349 页。

④ 许慎撰，段玉裁注：《说文解字注》，上海：上海古籍出版社，1981 年，第597 页。

⑤ 许慎撰，段玉裁注：《说文解字注》，上海：上海古籍出版社，1981 年，第155 页。

（《说文》）构形分析与初文不合。"① 即此字造字本义目前尚未得到确认。惩，《字源》："从心，征声。本义为因过失而警戒。"② 最早见于《说文》。根据裘锡圭所说，按照所要明确的字义的性质，加注意符的情形有三类，即为明确假借义、引申义、本义而加注意符。③而无论是以上三种情形的任何一种，"征"到"惩"应均是加注意符而形成。因此二者依然是分化字关系。

（5）刑者，型之省。（卷二十八·1054页）

按：刑，《字源》："字本从刀，井声。小篆时或讹井为'开'，隶变后又进一步讹作'开'而为楷书刑之所本。"④ 型，《字源》："形声字。从土，刑声。"⑤ 据《字源》，"刑"产生于西周，而"型"产生于战国。《说文》："刑，剄也。从刀，开声。"⑥ 即杀戮义。《说文》："型，铸器之法也。从土，刑声。"段玉裁注："以木为之曰模，以竹曰笵，以土曰型。引申之为典型。"⑦ 由此可知，二者意义并不相关，"铸器之法"义当是"刑"的假借义，而后又为此假借义加注意符"土"，从而产生"型"字。因此"刑"是母字，而"型"是分化字。而马氏所谓"刑者，型之省"，似不够恰切。《周颂·我将》"仪式刑文王之典"或许用的是"刑"字的假借义，只是西周时期尚未为法式、准则之义，造出"型"字而已。

---

① 李学勤主编：《字源》，天津：天津古籍出版社，2012年，第727页。

② 李学勤主编：《字源》，天津：天津古籍出版社，2012年，第954页。

③ 参见裘锡圭：《文字学概要》（修订本），北京：商务印书馆，2013年，第150－151页。

④ 李学勤主编：《字源》，天津：天津古籍出版社，2012年，第381页。

⑤ 李学勤主编：《字源》，天津：天津古籍出版社，2012年，第1188页。

⑥ 许慎撰，段玉裁注：《说文解字注》，上海：上海古籍出版社，1981年，第182页。

⑦ 许慎撰，段玉裁注：《说文解字注》，上海：上海古籍出版社，1981年，第688页。

第二节　被训释词与训释词是异体字

异体字就是彼此音义相同而外形不同的字。

（1）今经传作忧者，皆慐字之假借。（卷二·41页）

按：忧，影幽；慐，影幽。忧，形声字。从夂，慐声。慐，会意字。从心，从页。据《字源》："'慐'本'忧'本字，'忧'本'优'本字；文献以'忧'代'慐'而以'优'代'忧'。"① 可知，二者实为异体字。

（2）啸、歗二字，经典通用，而其本字则音同而义别。《毛诗》作啸者，亦假借也。（卷三·96页）

按：啸，心幽；歗，心幽。《字源》："啸、歗本同字异体，其本义为吟咏，郑玄笺：'啸，蹙口而出声。'这只是吟咏的方式，二字词义实相同。"② 由此，啸、歗二字实为异体字。

（3）洒与洗双声。（卷四·159页）

按：洒，《字源》："形声字。从水，西声。甲骨文用作地名。《说文》：'洒，涤也。'……此一义后作'洗'。读 xǐ。"③ 故在洗涤

---

① 李学勤主编：《字源》，天津：天津古籍出版社，2012年，第951页。
② 李学勤主编：《字源》，天津：天津古籍出版社，2012年，第770页。
③ 李学勤主编：《字源》，天津：天津古籍出版社，2012年，第1005页。

这个意义上，二者实为异体字。

（4）是经传显皆㬎字之假借。（卷三十·1096 页）

按：显，《字源》："会意字。……到目前为止，所见西周金文拓片中未见㬎字。㬎字最早见于战国温县盟书，是战国东方六国文字显字的省体……从西周金文看，应该是先有显字，后有㬎字。……显、㬎本为一字，㬎为战国时出现之省体，至《说文》分为二字二义，误解显字本义，将显字本义放在㬎字下。"[1] 清代学者尊崇《说文》，因此导致马氏亦误解了二字的关系。二字实为异体字。当然，㬎字虽是简体，但后来并未流行开来。

（5）和为龢之假借。（卷三十二·1160 页）

按：龢，《字源》："形声字。从龠，禾声。义为音调和谐。所从'龠'旁本像竹管音乐。……'龢'在春秋以前频频使用，进入战国使用频率骤降，文献中渐以'和'代之。"[2] 和，《字源》："形声字。从口，禾声。……本义指声音相应和、和谐地跟着唱或伴奏。……'和'常与'龢'通用，二字本义各有所指，'和'指声音相应和，'龢'指音乐和谐，后二者在词义引申脉络上有交叉，至于无别。"[3] 因此在和谐义上，二者是异体字关系。

---

[1] 李学勤主编：《字源》，天津：天津古籍出版社，2012 年，第 784 页。

[2] 李学勤主编：《字源》，天津：天津古籍出版社，2012 年，第 158 – 159 页。

[3] 李学勤主编：《字源》，天津：天津古籍出版社，2012 年，第 83 页。

第三节　被训释词与训释词是古今字

　　"一个词的不同书写形式，通行的时间往往有前后。在前者就是在后者的古字，在后者就是在前者的今字。……古人讲古今字是从解释古书字义出发的。这种意义的古今字当然也包括母字和分化字，但是孰古孰今是根据文字使用的实际情况而定的，母字并不一定被看作古字，分化字并不一定被看作今字……这跟着眼于'造字相承的关系'来讲古今字，是有很大区别的。"① 也就是说，古今字的概念不是从"造字相承的关系"来讲，而是着眼于训诂，从古文献文字使用的实际情况来讲的。

　　（1）今经典多假周为匊，周行亦匊之假借。（卷二·43 页）

　　按：周，章幽；匊，章幽。周，《字源》谓："'周'初作囲，本为象形字，但构型不明。……商、周文字中'周'均不从'用'，所谓从'用'乃始于春秋战国间的讹变。"② 匊，《字源》谓："形声字。……段玉裁注：'……今字周行而匊废矣。'……可见西周时代当借舟为匊，战国文献借周为匊。匊字当产生于战国时代……"③ 由此可知，在"环绕"意义上，"周"虽然是借用字，但亦作为古字；"匊"字虽是后起本字，可作为今字。但后来"匊"又被淘汰，文献大多用"周"，从而"匊"又变为古字，而"周"又变为今字。此正符合段玉裁对古今字的说法。

---

　　① 裘锡圭：《文字学概要》（修订本），北京：商务印书馆，2013 年，第 259 页。
　　② 李学勤主编：《字源》，天津：天津古籍出版社，2012 年，第 88 页。
　　③ 李学勤主编：《字源》，天津：天津古籍出版社，2012 年，第 803 页。

（2）降者，夅之假借。……今经传夅服字通借作降。（卷二·78页）

按：降，见冬；夅，匣冬。见匣旁纽。《字源》"夅"字条云："夅实为上举商代降字省形，降像两脚从山阜向下行走形，本义是从高处到低处。夅是'降'省却山阜形，其义仍不变。降服乃是引申义，非本义。《说文》及段注训释'夅，服'之义均存在问题。"[1]降、夅二字实同为古今字，而马氏认为是假借字关系。这固然受当时学术发展水平的限制，但也反映了马氏轻言假借的特点。

（3）傚盖即效之或体，古通作效。（卷十七·493页）

按：效，《字源》谓"效字本义与持械训教有关……本义盖为训诫、教诲……引申指效法（此《说文》本义）"[2]。《说文》《字源》《甲骨篆隶大字典》皆不收"傚"字。《王力古汉语字典》亦只列"傚"一个义项"效法，学样"。[3]由此可判断，"傚"字当为表"傚"字引申义效法的后起本字。经典作"效"为今字，"傚"字为古字。

（4）锡与赐双声。（卷二十三·760页）

按：锡，《字源》："形声字。……锡，一名鈏。……西周金文晚期叔史簋铭文有'锡'字，但不用为金锡之锡，而用为赐给之

①　李学勤主编：《字源》，天津：天津古籍出版社，2012年，第489页。
②　李学勤主编：《字源》，天津：天津古籍出版社，2012年，第250页。
③　王力：《王力古汉语字典》，北京：中华书局，2000年，第43页。

锡。"① 赐，《字源》："形声字。从贝，易声。赏赐之义，商代文字假借'易'来表示；西周文字因之，后又改借本义为'目疾视'的'睗'字；春秋文字将'睗'所从之'目'改为'贝'，分化出'赐'字，为后世所本。"② 综合上述二者的解说可知，在表示赐给这个意义上，商代假借"易"，西周假借"锡"和"睗"。而在春秋时，"睗"变为"赐"。也就是说，改变假借字的意符来造一个本字表示其本义。因此可知，虽然"赐"是本字，但它是后起字，即今字，按照文献实际使用来看，"锡"自然算是古字了。因此"锡""赐"实是古今字关系。

（5）是昌、倡古通用。（卷二十九·1083 页）

按：昌，《字源》："会意字。初文从日，从口，本义是'歌唱'的'唱'，古代把日出后呼唤大家起身做事时带有一定调子的叫声称为'唱'。……也假借为'倡'、'阊'、'襄'字等等。"③ 倡，《字源》："形声字。从人，昌声。本义指歌舞乐人……又指领唱，引申指发起，又指歌唱等等。"④ 由此可知，"昌"本义是唱，后来假借它来表示歌唱的人，于是加注"亻"旁分化出"倡"来专门表示这个假借义。这就是裘锡圭所说的"为明确假借义而加意符"⑤。从文献实际使用情况来看，当然是先使用"昌"，后使用"倡"，二者是古今字关系。

① 李学勤主编：《字源》，天津：天津古籍出版社，2012 年，第 1216 页。
② 李学勤主编：《字源》，天津：天津古籍出版社，2012 年，第 570 页。
③ 李学勤主编：《字源》，天津：天津古籍出版社，2012 年，第 605 页。
④ 李学勤主编：《字源》，天津：天津古籍出版社，2012 年，第 716 页。
⑤ 裘锡圭：《文字学概要》（修订本），北京：商务印书馆，2013 年，第 151 页。

第四节　被训释词与训释词字形无关

（1）假服为㞑。（卷二·34页）

按：服，并职；㞑，并职。二字双声叠韵。服，《金文常用字典》对其本义的解释为服事之义，并且又说由服事之义引申为进献之义。[①]《新编甲骨文字典》：

> 服从 ㄗ（盘的甲骨文）从㞑。……ㄗ（盘的甲骨文）、ㄗ（舟的甲骨文）形近，所以金文服字从舟……《说文》：“䑩用也。一曰，车右騑，所以舟旋。从舟，㞑声，𦨶，古文服从人。”从舟与初文无关，余亦牵强。服本奴仆奉盘服事之义。[②]

刘氏认为“服”字并非形声字，而是会意字，指出了《说文》对“服”字解释的错误。与《金文常用字典》对“服”字本义的解释一致。㞑，《金文常用字典》：“㞑，象用手按跪踞之人，欲使其屈服。此意金文已不显。”[③] 指出了《说文》对“㞑”解释的错误，只把“㞑”解释为古部族名。《新编甲骨文字典》：

> 从 ㄑ（手的甲骨文）、从 ㄅ（卩的甲骨文），象以手抓住一跪地之人形。……卜辞㞑用如俘、人牲，地位同牛羊相当。……《说文》：

① 陈初生编纂，曾宪通审校：《金文常用字典》，西安：陕西人民出版社，2004年，第828页。
② 刘兴隆：《新编甲骨文字典》，北京：国际文化出版公司，2005年，第164页。
③ 陈初生编纂，曾宪通审校：《金文常用字典》，西安：陕西人民出版社，2004年，第326页。

"B，治也。从又、从尸。尸事之节也"。尸本人形，非所持之节。……疑用如服、降服也……①

这里也指出了《说文》对"B"字解释的错误，但与陈氏持不同意见。再来看《毛传》《郑笺》的解释。《周南·关雎》"寤寐思服"，《毛传》："服，思之也。"《郑笺》："服，事也。求贤女而不得，觉寐则思己职事，当谁与共之乎？"② 由以上的考证可知，"服"的本义就是服事之义，故《郑笺》的训释有所依据，更为允当。至于《毛传》训为"思之"，马氏运用"服""B"二字音近的关系，从而推断《毛传》是将"服"看成"B"的假借，进而依据《说文》"B，治也"（马氏认为"治"有"思"义，缺乏证据，仅凭揣测）从而推出《毛传》之所以训为"思之"的缘故。然而，由上面的考证可知，《说文》对"B"的训释是不可靠的，从而可知马氏这条声训是不能成立的。"服"是一个会意字，"B"也是一个会意字，二字没有孳乳关系，只是具有相同的部件而已。

（2）"蔽芾甘棠"，《传》："蔽芾，小貌。甘棠，杜也。"《集传》："蔽芾，盛貌。"……蔽与㡀声近。《广雅》："㡀，小也。"（卷三·83页）

按：蔽，帮月；㡀，並月。帮並旁纽。㡀，《字源》："象形字。像破旧的巾形。……本义为破旧的衣服。又指衣服破旧的样子。……引申指破旧，坏，困顿的样子。"③ 蔽，《字源》："形声字。

---

① 刘兴隆：《新编甲骨文字典》，北京：国际文化出版公司，2005年，第159－160页。
② 毛亨传，郑玄笺，孔颖达疏，陆德明音释，朱杰人、李慧玲整理：《毛诗注疏》，上海：上海古籍出版社，2013年，第31页。
③ 李学勤主编：《字源》，天津：天津古籍出版社，2012年，第696页。

从艹，敝声。本义是小草貌。……又有遮蔽、隐蔽、蒙蔽等字义。"① 马氏根据二字声音相近，又据《广雅》"芾，小也"从而断定"蔽"有"小"义，进而疏通《毛传》："蔽芾，小貌。"② 又按：实则二字并非同源词关系，不能相训，且字形亦没有孳乳关系。由于字形的讹变、假借，词义的引申、假借等现象，每一个字在整个历史中都是极其活跃的，它们的字形关系也隐藏在各个历史时期的变化之中。这里主要以裘锡圭《文字学概要》提出的"三书说"理论中形声的概念③为依据，来判断二字的字形关系。

（3）舍古音读同舒，亦通用。（卷三·99 页）

按：舍，书鱼；舒，书鱼。二字同音。《字源》"舍"字条："形声字。从口，余声。'舍'字在西周前期已经行用。……《说文》：'市居曰舍。从人，中象屋也，口象筑也。'这是据小篆字形而曲解。"④《字源》"舒"字条："形声字。初文上从余，下从吕，余、吕兼亦表声。小篆以后字形改为左右结构，并分别在余、吕下部加口旁和一竖笔写作舍、予。"⑤ 由此可知，舍、舒二字本来只有一个相同的部件"余"，而"舍"字的口旁表意；"舒"的"舍"部件下的口旁，则是由字形在变化过程中添加而来。故二字字形实则无关。马氏指出的某些通假字，若从字形表面上判断，容易将其判定为有字形上的联系。而对其字形进行深入考察发现，事实并非

---

① 李学勤主编：《字源》，天津：天津古籍出版社，2012 年，第 49 页。
② 毛亨传，郑玄笺，孔颖达疏，陆德明音释，朱杰人、李慧玲整理：《毛诗注疏》，上海：上海古籍出版社，2013 年，第 104 页。
③ 参见裘锡圭：《文字学概要》（修订本），北京：商务印书馆，2013 年，第 148 - 153 页。
④ 李学勤主编：《字源》，天津：天津古籍出版社，2012 年，第 464 页。
⑤ 李学勤主编：《字源》，天津：天津古籍出版社，2012 年，第 341 页。

如此。

（4）条乃挑之假借。（卷十六·456 页）

按：条，定纽，幽部；挑，透纽，宵部。定透旁纽，幽宵旁转，故二者音近。条，《字源》："形声字。从木，攸声。本义是树的枝条。"[1] 目前数据显示最早见于战国。挑，《字源》："形声字，从手，兆声。……本义是拨动，挑动。"[2] 最早见于《说文》。由此可知，二者只是在语音上相近而已，从目前所能见到的数据来看，字形上并无关联。

（5）翦与践古同音通用。（卷三十一·1139 页）

按：翦，《字源》："形声字。从羽，歬声。形旁羽为鸟羽之象，表示翦的本义与鸟羽有关。……古初以前为歬。……古作前，后分化为翦。……丷是止之变，月是舟之变，刂是刀之变。……通常假借为'剪'，有多个义项。指截断。……通'翦'……通'浅'。"[3] 践，《字源》："形声字。从足，戋声。……践本义为踩、践踏。……践或与'翦'、'浅'、'钱'、'跣'等相通。"[4] 由此可知，二字仅仅因为字音相近，有相通的现象，而字形无任何关联。

---

① 李学勤主编：《字源》，天津：天津古籍出版社，2012 年，第 505 页。
② 李学勤主编：《字源》，天津：天津古籍出版社，2012 年，第 1066 页。
③ 李学勤主编：《字源》，天津：天津古籍出版社，2012 年，第 295 页。
④ 李学勤主编：《字源》，天津：天津古籍出版社，2012 年，第 151 页。

第六章 对《通释》声训条目词义的考察

由于汉语言音形义错综复杂，以声音为线索联系起来的两个词，在语音、字形、词义方面会体现出各种关系。本章从被训释词与训释词词义关系这一角度来认识《通释》的声训。经考察，《通释》声训条目中，被训释词与训释词的词义关系大致有以下四种类型：同源词关系、同音借用词关系、同义词关系、词义无关。

第一节 被训释词与训释词是同源词

有关同源词的研究，实际上从上古就已经开始了。上古文献，如《周易》《论语》等就已开始运用声训来推求语源。后来刘熙撰《释名》，则企图运用普遍推求语源的方式来解释词义，推求事物的命名之由。唐宋以来的"右文说"，影响很大，虽非真正意义上的推源，但因它是从字形，而不是从音义关系上探求同源词，其推源的意识还是很强的。清儒凭借古音研究的丰厚成果，提出"因声求义"，抓住了研究同源词的关键之处。戴震、段玉裁、王念孙等都是有意识地去研究同源词。近现代以来，对同源字作全面的研究，要以章太炎为始。他将《说文》中的独体字看作初文，又提出准初文、孳乳、变易等概念。①

后王力博采众长，写有一部《同源字典》，且给同源字下了定义："凡音义皆近，音近义同，或义近音同的字，叫做同源字。这些字都有同一来源。或者同时产生，或者先后产生。同源字，常常以某一概念为中心，而以语音的细微差别（或同音），表示相近或相关的几个概念。"② 他在判断同源词时很谨慎，如在"序"里所说"宁缺无滥"。王宁在论及同源词时说："同源词由同一根词直接或间接派生出来，因而有音近义通关系的词叫同源词。同源词包括根词和同源派生词，形成一个词族。词族是一个有系统的音义关系群。根词指最早派生其他词的总根，它的音与义是按约定俗成的规律结合起来的，这种词我们称作原生词。原生词的音与义是它所派生的同源词音义的渊源。在同源词中，直接派生他词的词称作源词……在词族中，根词只有一个，源词可以有很多……确定根词叫完全推源，确定源词叫不完全推源。"③ 推求语源就是要找出孳乳其他同源词的源词来，属于不完全推源。严格说来，推求根词的完全推源是办不到的。传统训诂学所作的推求同源词的工作，基本上属于探寻源词的不完全推源。

汉语言中词的产生远远早于用来记录它的文字。一个词的音义关系，的确总是早于字形的出现。所以，同源词的认定是以音同音近、义同义近为条件的，一般来说是不拘字形的。而声音相同或相近必须有一定的标准，"值得反复强调的是，同源字必须是同音或音近的字。这就是说，必须韵部、声母都相同或相近。如果只有韵部相同，而声母相差很远；或者只有声母相同，而韵部相差很远，我

① 参见王力：《同源字典》，北京：商务印书馆，1982 年，第 39 页。
② 王力：《同源字典》，北京：商务印书馆，1982 年，第 3 页。
③ 王宁：《训诂学原理》，北京：中国国际广播出版社，1996 年，第 49 页。

们都只能认为是同义词，不能认为是同源字"①。需要说明的是，一部分声符表意的形声字也属于同源词。虽说这一点分析了字形，但从根本上说还是着眼于音和义。因为一些同音词分化而形成的形声字，只有声音上的联系，而无意义上的联系。这也是"右文说"容易犯以偏概全的错误的原因。

（1）延、移、易皆一声之转，是知施、弛皆延之假借。（卷二·35 页）

按：延，余元；移，余歌；易，余锡。元歌对转，元歌皆与锡旁对转。延，《说文》："行也。"② 长行，就是远距离出行的意思，从一地到另一地。后引申为"长短"之"长"。《尔雅·释诂》："延，长也。"③ 移，《说文》："禾相倚移也。从禾，多声。一曰：禾名。"④ 倚移，朱骏声《说文通训定声》："叠韵连语。犹旖旎……阿那也。'禾名'当为此字本训。"⑤ 意思是说，禾（随风）而相摇摆、摆动。摇摆、摆动，也即是从一个地点到另一个地点位置的变动。《国语·齐语》："相地而衰征，则民不移"。韦昭注："移，徙也。"⑥ 易，汤可敬《说文解字今释》："日、月二字会合成易字，象征着阴阳的变易。"⑦ 变易，是抽象的概念，即是从一种状态变为另一种状态。《周礼·春官》："掌三易之法。"郑玄注："易者，揲蓍变易之

---

① 王力：《同源字典》，北京：商务印书馆，1982 年，第 20 页。

② 许慎撰，段玉裁注：《说文解字注》，上海：上海古籍出版社，1981 年，第 77 页。

③ 阮元校刻：《十三经注疏·尔雅注疏》，北京：中华书局，1980 年，第 2570 页。

④ 许慎撰，段玉裁注：《说文解字注》，上海：上海古籍出版社，1981 年，第 323 页。

⑤ 朱骏声：《说文通训定声》，北京：中华书局，2016 年，第 492 页。

⑥ 韦昭注，徐元诰集解，王树民、沈长云点校：《国语集解》，北京：中华书局，2019 年，第 240 页。

⑦ 汤可敬：《说文解字今释》，长沙：岳麓书社，1997 年，第 1310 页。

数可占者也。"孔颖达疏："夫易者，变化之总名，改换之殊称。"①
由以上考证可知，三字都有移动、变动之义，并且声母相同，韵部
相近，所以，三字是同源词。

（2）荒与幠一声之转。亦与蒙覆同义。（卷二·50 页）

按：荒，晓阳；幠，晓鱼。双声，阳鱼对转。荒，《说文》：
"芜也。……一曰：艸掩地也。"②《说文》所列举的荒芜之义与草掩
地之义，实际上是一义的引申之义。幠，《说文》："覆也。"③ 二字
声音相近，并且都有蒙覆之义，故二字是同源词。

（3）今经典多假周为䏝，周行亦䏝之假借。（卷二·43 页）

按：周，章幽；䏝，章幽。二字同音。周，《说文》："密也。
从用口。"段玉裁注："善用其口则密。"④ 段玉裁的解释是不可靠
的，因为《说文》对"周""䏝"二字强生分别，段氏相信《说
文》，所以附会"周"字之义，以与"䏝"字分别开来。李孝定
《甲骨文字集释》对"周"的解释是："契文作圖，正象密致周匝之
形。"⑤ 本有环绕周遍的意思。䏝，《说文》："帀，徧也。从勹，舟
声。"⑥ 也是环绕周遍的意思。由以上考证可知，二字同音，并且同
义，故是同源词。《同源字典》："在帀遍的意义上，'周、䏝'实同

① 阮元校刻：《十三经注疏·周礼注疏》，北京：中华书局，1980 年，第 802 -
803 页。
② 许慎撰，段玉裁注：《说文解字注》，上海：上海古籍出版社，1981 年，第 40 页。
③ 汤可敬：《说文解字今释》，长沙：岳麓书社，1997 年，第 1054 页。
④ 许慎撰，段玉裁注：《说文解字注》，上海：上海古籍出版社，1981 年，第 58 页。
⑤ 李孝定编述：《甲骨文字集释》，台北："中央研究院"历史语言研究所，1970
年，第 305 页。
⑥ 汤可敬：《说文解字今释》，长沙：岳麓书社，1997 年，第 1242 页。

一词。《说文》以'匊'为周市的正字，是强生分别。"①

（4）缗与罠盖声近而义同。（卷三·102 页）

按：缗，明真；罠，明真。《字源》"缗"字条："形声字。战国文字、《说文》篆文，汉简'缗'字均从系、昏声。'昏'所从的'氏'旁与'民'形体相近，'民'与'昏'古音又相近，所以，'缗'字后作'缗'。今'缗'行而'缗'废矣。'缗'本义是钓丝。"②

《字源》"罠"字条："形声字。从网，民声。本义是捕兽网。'罠'的意符本是'网'。'网'在字的上部作偏旁时，到了汉代隶书，'网'变形为'罒'。"③ 由此可知，"罠"字从网，而网则是由丝线构成，与"缗"的本义钓丝，正是王力在《同源字典》所说的同源词词义关系的第十种原料关系。④

（5）柔、扰声近通用。（卷二十二·733 页）

按：查《同源字典》知，柔、扰叠韵，"'柔'是柔软、柔弱，'扰'是柔顺，故得同源"⑤。

① 王力：《同源字典》，北京：商务印书馆，1982 年，第 234 页。
② 李学勤主编：《字源》，天津：天津古籍出版社，2012 年，第 1148 页。
③ 李学勤主编：《字源》，天津：天津古籍出版社，2012 年，第 684 页。
④ 参见王力：《同源字典》，北京：商务印书馆，1982 年，第 35 页。
⑤ 王力：《同源字典》，北京：商务印书馆，1982 年，第 237 页。

第二节　被训释词与训释词是同义词

同义词是指没有渊源关系而意义局部相同相近的词。"同义词必定不同源。两个词只要有一个义项的义值相近，就可以称为在这个意义上的同义词。""多数同义词因为不是同源词，不可能全部义项相近，只能是个别义项相近。而且，它们即使有相同的义项，彼此的义值也不可能全同，只能近似。"① 如此来看，同义词就是一个比较宽泛的概念，其外延是很大的。

（1）宜与仪通。（卷三·56 页）

按：宜与仪通。宜，疑歌；仪，疑歌。宜，《说文》："所安也。从宀之下，一之上，多省声。"② 容庚《金文编》："象置肉于且上之形，疑与俎为一字。《中山王𰯼鼎》：'以征不宜之邦'，宜读为义。"③ 由所安之义，引申为得其所，进而引申为合宜，又引申为善、美。《礼记·内则》："子甚宜其妻父母不。"郑玄注："宜犹善也。"④ 至于诗句"宜其室家"亦是此义。仪，《说文》："度也。从人，义声。"⑤ 从法度引申为有法度，进而引申为有仪容，又引申为善、美。《国语·鲁语上》："尧能单均刑罚以仪民。"韦昭注："仪，

---

① 王宁：《训诂学原理》，北京：中国国际广播出版社，1996 年，第 48 – 49 页。
② 汤可敬：《说文解字今释》，长沙：岳麓书社，1997 年，第 996 页。
③ 容庚：《金文编》，北京：中华书局，1985 年，第 527 页。
④ 阮元校刻：《十三经注疏·礼记正义》，北京：中华书局，1980 年，第 1463 页。
⑤ 汤可敬：《说文解字今释》，长沙：岳麓书社，1997 年，第 1091 页。

善也。"① 由以上考证可知，宜、仪本义没有任何关系，但是二者都各自引申，以至于有相通的善、美之义。但二者只是同义词，并不是同源词。

（2）"曷其有佸"……盖括与会一声之转，佸与括音义亦同。（卷七·230 页）

按：括，《字源》："形声字。从手，昏声。……常用义为结扎、捆束。……引申为包容、包括。……又作'佸'"。② 佸，《字源》："形声字。从人，昏声。本义指相会。"③ 由此可知，在相遇义上，"括"与"佸"通假。会，《字源》："形声字。从合，夹置于'合'形中间的声符，还不能说定，疑是'胃'字象形初文，像胃袋内存有米粒之形。……本义未明，可能是积聚禾谷，引申为聚合、会合……由聚合、会合义引申为盟誓、聚会、相遇、符合。"④ 因此，"佸"与"会"本义并不相同，只是"会"的引申义与"佸"的本义相同而已。因此"佸"与"括"是同义词。

（3）"歌以讯之"……皆以讯为谇之假借。（卷十三·413 页）

按：讯，《字源》："会意字。早期甲骨文像一人反缚其手，临之以口，会审讯之义。"⑤ 谇，《字源》："形声字。从言，卒

① 韦昭注，徐元诰集解，王树民、沈长云点校：《国语集解》，北京：中华书局，2019 年，第 166 页。
② 李学勤主编：《字源》，天津：天津古籍出版社，2012 年，第 1076 – 1077 页。
③ 李学勤主编：《字源》，天津：天津古籍出版社，2012 年，第 709 页。
④ 李学勤主编：《字源》，天津：天津古籍出版社，2012 年，第 465 页。
⑤ 李学勤主编：《字源》，天津：天津古籍出版社，2012 年，第 174 页。

声。……意为责让、责骂。"① 由此看来，"讯"字的引申义当有责骂之义。只有在这个引申义上，其才与"谇"字是同义词。

（4）备者，服之假借。（卷二十二·719 页）

按：查《古代汉语通假字大字典》知，"备"与"服"无通假用例。② 查《故训汇纂》知"备"古文献有训"用"者，③ 即有"用"义；"服"第一义项便是"用"义。二者既不同源，又无通假用例，在"用"义上是同义词关系。

（5）景与广一声之转。（卷三十二·1170 页）

按：查《古代汉语通假字大字典》知，"景"与"广"无通假用例。④ 查《故训汇纂》知"景"古文献有训"大"者，⑤ 即有"大"义；"广"古文献亦有训"大"者，即有"大"义。二者既不同源，又无通假用例，在"大"义上是同义词关系。

第三节　被训释词与训释词词义无关

声训既可以用来推考同源字，也可以用来破读通假字。古代学

---

① 李学勤主编：《字源》，天津：天津古籍出版社，2012 年，第 192 页。

② 参见王海根编纂：《古代汉语通假字大字典》，福州：福建人民出版社，2006 年，第 69、431 页。

③ 参见宗福邦、陈世铙、萧海波主编：《故训汇纂》，北京：商务印书馆，2003 年，第 148、1056 页。

④ 参见王海根编纂：《古代汉语通假字大字典》，福州：福建人民出版社，2006 年，第 272、414 页。

⑤ 参见宗福邦、陈世铙、萧海波主编：《故训汇纂》，北京：商务印书馆，2003 年，第 1032、706 页。

者绝大多数将语源引申包括在假借里，清儒也不例外，不但训诂术语用得很随意，就是对语源、假借概念的理解也很模糊。裘锡圭说："古人没有接触过近代的语言学，不能把研究语源跟讲假借明确区分开来，这是情有可原的。"① 王力也说："通假字不是同源字，因为它们不是同义词，或意义相近的词。"② 这里王力所说似不太确切，因为有些通假字同时又是同源字。比如，"震"和"娠"二字，古书上既用作通假字，同时它们又是同源词。

人们在假借某个字来表示一个跟它同音或音近的词的时候，通常并不要求它们原来在意义上有什么联系。……有时也能看到被假借的字跟它来表示的词不但同音或音近，而且在意义上也有某种联系的现象。这种现象大概有很多是无意中造成的。……有意假借一个跟某个词在意义上也有联系的字来表示这个词的情况，也是存在的。这种情况并不常见，可以作为假借的特例来处理。③

为了解决传统训诂学"假借"与"同源"交叉易混的情况，王宁把通假字分为同源通用字和同音借用字。同源通用字即是同源分化出来的新字与原字混用，也即同源词共享一个字形。同音借用字即是同音词共享一个字形，只是音同而词义来源不同，也即同音借用字不是同源词而具有通假关系，只是由音把它们联系起来。④ 当然，王宁所说的"同音"还包括音近的情况，因为假借的条件不仅是同音，还可以是音近。经考察，《通释》中被训释词与训释词的词义关系，不但有同音借用字的情况，还有同音词的情况。

---

① 裘锡圭：《文字学概要》（修订本），北京：商务印书馆，2013 年，第 194 页。
② 王力：《同源字典》，北京：商务印书馆，1982 年，第 5 页。
③ 裘锡圭：《文字学概要》（修订本），北京：商务印书馆，2013 年，第 11 页。
④ 王宁：《训诂学原理》，北京：中国国际广播出版社，1996 年，第 70 – 71 页。

一、同音借用字关系

（1）履与禄双声，故履得训禄，即以履为禄之假借也。（卷二·50 页）

按：履，来脂；禄，来屋。二字同音。履，《说文》："足所依也。从尸，从彳，从夂，舟象履形。"[1]《甲金篆隶大字典》列举了两家的说法："徐灏《注笺》：'履，践也，行也。此古义也。'朱骏声《通训定声》：'此字本训践，转注为所以践之具也。'"[2] 禄，《说文》："福也。从示，录声。"[3]《甲金篆隶大字典》："禄，甲骨文、金文像辘轳汲水之形。汲水灌溉，可保丰收，故录有福泽之意。后加示旁作禄，专用为福禄之禄。"[4] 由以上考证可知，"履""禄"二字意义没有任何联系。检索《故训汇纂》可知，古书借"履"为"禄"只有《毛诗》。[5]《诗·周南·樛木》："福履绥之。"王先谦《诗三家义集疏》："鲁说曰：'履，福也。'"[6] 故"履""禄"二字义无涉，仅仅由于声音相近，通过语词假借，二者才有了联系。

（2）射皆斁之假借。（卷二·38 页）

按：射，余铎；斁，余铎。二字音同。射，《说文》谓是"躲"

① 汤可敬：《说文解字今释》，长沙：岳麓书社，1997 年，第 1162 页。
② 本书编写组：《甲金篆隶大字典》，成都：四川辞书出版社，2010 年，第 192 页。
③ 汤可敬：《说文解字今释》，长沙：岳麓书社，1997 年，第 7 页。
④ 本书编写组：《甲金篆隶大字典》，成都：四川辞书出版社，2010 年，第 425 页。
⑤ 参见宗福邦、陈世铙、萧海波主编：《故训汇纂》，北京：商务印书馆，2003 年，第 626 页。
⑥ 王先谦撰，吴格点校：《诗三家义集疏》，北京：中华书局，1987 年，第 33 页。

字的篆文。① 躲，《说文》："弓弩发于身而中于远也。从矢，从身。"② 《甲金篆隶大字典》："射，甲骨文、金文、石鼓文像张弓发箭形。后弓讹变作身，手讹变作寸。"③ 由此看来，"射"只有张弓发箭义。斁，《说文》："解也。从攴，睪声。《诗》云：'服之无斁。'斁，猒也。一曰：终也。"④ 由此可知，"射""斁"二字义无涉。《周易·井卦》九二爻辞："井谷射鲋。"陆德明《释文》引郑玄、王肃云："射，厌也。"⑤《楚辞·招魂》："射递代些。"王逸注："射，猒也。"二字音同，且义无涉，故在"厌"这个意义上，"射""斁"是通假字的关系。

（3）"舜则选兮"……选、纂双声，古通用。选通为纂，犹算通作选也。（卷九·314 页）

按：算，《字源》："会意字。计算谓之'算'。……引申为数目、数额。……引申为谋略。……引申为料想、估量。"⑥ 纂，《字源》："形声字。从糸，算声。'算'之形体演变……本义是赤色的丝带。"⑦ 故"算""纂"二字是分化字。选，《字源》："形声兼会意字。从辵，从巽，巽亦声。……选本义为遣送、放逐。引申有派遣、使令之义。……选或通作'算'。"⑧ 由此可知，"选"和"算"本义及引申义均不相同，且有通假关系，故二字为同音借用字关系。

① 参见汤可敬：《说文解字今释》，长沙：岳麓书社，1997 年，第 711 页。
② 汤可敬：《说文解字今释》，长沙：岳麓书社，1997 年，第 711 页。
③ 本书编写组：《甲金篆隶大字典》，成都：四川辞书出版社，2010 年，第 114 页。
④ 汤可敬：《说文解字今释》，长沙：岳麓书社，1997 年，第 442 页。
⑤ 阮元校刻：《十三经注疏·周易正义》，北京：中华书局，1980 年，第 60 页。
⑥ 李学勤主编：《字源》，天津：天津古籍出版社，2012 年，第 405 页。
⑦ 李学勤主编：《字源》，天津：天津古籍出版社，2012 年，第 1142 页。
⑧ 李学勤主编：《字源》，天津：天津古籍出版社，2012 年，第 122 – 123 页。

（4）"蜉蝣掘阅"……阅读为穴。（卷十五·436 页）

按：阅，《字源》："形声字。……本义为查点，计算。……引申为检阅。……词义扩大为视察、察看。……由察看转指披览书籍。……由一一检视又引申为经历。"[1] 穴，《字源》："象形字。像挖地建造的供居住用的洞穴。……本义是地室。……引申有洞窟、巢穴、墓坑、窟窿、水道、穴居、挖凿等意义。"[2] 二字无论在本义还是引申义上均无相同的义项，只是音相近而已。然而在古典文献中，二字却常通假，如马氏所举："宋玉《风赋》'空穴来风'，即《庄子》'空阅来风'也；《老子道德经》'塞其兑，闭其门'，兑即阅之省，谓塞其穴也；《管子·山权数篇》'北郭有掘阅而得龟者'，即穿穴而得龟也。"[3] 二字义不相涉，然又通假，故为同音借用字关系。

（5）和为龢之假借。（卷三十二·1160 页）

按：和，匣歌；龢，匣歌。二字音同。查《古代汉语通假字大字典》知，"和"只与"禾"通假。[4] 故知二字既无语源上的联系，又有通假用例，为同音借用字关系。

二、同音词关系

所谓同音词，是指同音而不同义，又没有通假关系，纯粹以同

---

① 李学勤主编：《字源》，天津：天津古籍出版社，2012 年，第 1044 页。

② 李学勤主编：《字源》，天津：天津古籍出版社，2012 年，第 665 页。

③ 马瑞辰：《毛诗传笺通释》，北京：中华书局，1989 年，第 436 页。

④ 参见王海根编纂：《古代汉语通假字大字典》，福州：福建人民出版社，2006 年，第 631 页。

音词来进行训释的那些词。它们意义无关，又无通用的用例，而只有声音相同或相近。

（1）古者思与理同义。（卷二·34页）

按：思，心之；理，来之。双声，心来邻纽，二字声音相近。思，《说文》："容也。从心，囟声。"① 理，《说文》："治玉也。从玉，里声。"② 二字实无意义上的联系，既不同源，又不同义，只是音近而已。至于马氏将"思""理"看成同义，是因为马氏根据《说文》"龠，理也"③，从而认为"思""理"同义。事实上，由此并不能判断二者同义，因为"思""理"可能只是"龠"的假借义或较远的引申义而已。

（2）辰、真音义相近。（卷二·52页）

按：辰，禅文；真，章真。禅章旁纽，文真旁转，二字声音相近。辰，《说文》："震也。三月，阳气动，雷电振，民农时也。物皆生，从乙、匕，象芒达；厂声也。辰，房星，天时也。从二，二，古文上字。"④《甲金篆隶大字典》列举了三家对"辰"字的解释：

郭沫若《甲骨文字研究》："余以为辰实古之耕器。……""……星之名辰者，盖星象与农事大有攸关，古人多以耕器表彰之。"一说古"振"字。商承祚《说文中之古文考》："辰，象以手振岩

---

① 汤可敬：《说文解字今释》，长沙：岳麓书社，1997年，第1437页。
② 汤可敬：《说文解字今释》，长沙：岳麓书社，1997年，第45页。
③ 汤可敬：《说文解字今释》，长沙：岳麓书社，1997年，第302页。
④ 汤可敬：《说文解字今释》，长沙：岳麓书社，1997年，第2139页。

石，乃振之初字。"周谷城《古史零证》："就形体而言，正象人在崖下凿石之状。"①

由此可知《说文》对"辰"字两种意义的解释是可靠的。检索《故训汇纂》辰部"辰"字条②可知，古书注疏对"真"字概括起来主要有三种解释：一是万物皆伸而出之义，一是星宿之义，一是时之义。

真，《说文》："仙人变形而登天也。从匕，从目，从乚。"检索《故训汇纂》目部"真"字条③可知，古书注疏对"真"字概括起来主要有四种解释：一是仙人之义，一是本心、性命之义，一是诚之义，一是真伪之义。由以上考证可知，"辰""真"二字音相近，而意义并无联系。

（3）先与辛双声，故通用。（卷二·52页）

按：先，心文；辛，心真。二字双声，韵部文真旁转，声音相近。先，《说文》："前进也。"④ 辛，《甲金篆隶大字典》引郭沫若《甲骨文字研究》："辛，字乃象形，由其形象以判之，当系古之剞劂……。有罪之意无法表示，故借黥刑以表示之，黥刑亦无法表现于简单之字形中，故借施黥之刑具剞劂以表现之。"⑤ 由此可知，辛、先的意义并不相通。通过检索《故训汇纂》可知，辛、先并无通用之例。故，辛、先二字只是音近，而词义没有关系。

---

① 本书编写组：《甲金篆隶大字典》，成都：四川辞书出版社，2010年，第609页。
② 宗福邦、陈世铙、萧海波主编：《故训汇纂》，北京：商务印书馆，2003年，第2273页。
③ 宗福邦、陈世铙、萧海波主编：《故训汇纂》，北京：商务印书馆，2003年，第1551页。
④ 汤可敬：《说文解字今释》，长沙：岳麓书社，1997年，第1172页。
⑤ 本书编写组：《甲金篆隶大字典》，成都：四川辞书出版社，2010年，第680页。

（4）嘒之言慧也。（卷三·93页）

按：嘒，晓质；慧，匣质。晓匣旁纽。《字源》"嘒"字条："形声字。从口，彗声。《说文》：'嘒，小声也。'象声词，形容小或清脆的声音，常迭用。引申指小星微光的样子。"① 《字源》"慧"字条："形声字。从心，彗声。本义为聪明。由聪明引申为狡黠。中医指精神清爽、眼睛清明，佛教语指了悟、破获证真，均为聪明义的引申。"② 由此可知，嘒、慧二字意义没有相通之处，又检索《古代汉语通假字大字典》③ 可知，古书中嘒、慧无通假用例。故嘒、慧只是同音词。

（5）"曷又鞠止"……鞠、穷以双声为义。（卷九·306页）

按：鞠，《字源》："形声字。从革，匊声。'鞠'是古代一种游戏所踢的'足球'。"④ 穷，《字源》："形声字。从穴，躬声。……本义是极尽、完结。……可通'躬'，有身体的意思；还可通'穹'。"⑤ 二字声音相近，且无通假用例，故仅仅是同音词关系。

———————

① 李学勤主编：《字源》，天津：天津古籍出版社，2012年，第85页。

② 李学勤主编：《字源》，天津：天津古籍出版社，2012年，第929页。

③ 王海根编纂：《古代汉语通假字大字典》，福州：福建人民出版社，2006年，第167、309页。

④ 李学勤主编：《字源》，天津：天津古籍出版社，2012年，第210页。

⑤ 李学勤主编：《字源》，天津：天津古籍出版社，2012年，第669页。

第七章 《通释》声训条目的考据方法

声训不但要有声音上的条件，还要有文献上的佐证。如果没有文献佐证，声训极易陷入主观唯心主义，其可信度就大大降低了。汉语音同音近，而语义没有联系的现象是很普遍的，原因正如荀子所说："名无固实，约之以命实，约定俗成谓之实名。"① 否则，就如刘熙作《释名》一样，很难避免主观的发挥。刘氏认为一切事物必有得名之由，而不承认"约定俗成"，因此《释名》一书中不少词语都被他讲错了。这在一定程度上削弱了《释名》一书的价值。而《通释》一书的声训，是较为注重文献佐证的。现将《通释》一书声训的文献佐证，分为内证和旁证两个方面。内证包括：依据《毛诗》本文判定声训成立，依据《三家诗》判定声训成立；旁证包括：依据字书辞书判定声训成立，依据其他古书判定声训成立。

第一节 内证

乾嘉考据学启于顾炎武，而其治学方法亦多启于顾炎武，内证

---

① 王先谦撰，沈啸寰、王星贤点校：《荀子集解》，北京：中华书局，2013 年，第 496 页。按：王念孙谓"约之以命实"之"实"为衍字。

之训诂方法便是其中之一。所谓内证，即是顾氏所谓本证。顾氏尝言："列本证、旁证二条。本证者，《诗》自相证也；旁证者，采之他书也，二者俱无，则宛转以审其音，参伍以谐其韵。"① 戴震说："《诗》辞相比次，上下可推至其字义，推之经中有通证，庶少差失。"② 通常情况下都是把内证作为校勘学术语提出，很少有人将其作为训诂学术语提及。其实，内证的作用并不只限于校勘，内证的类型也不仅限于校勘学上的"本校"，它还可延伸到训诂学领域。而马氏所处时代，正是训诂学之内证法大显于世的时候。清代《诗经》学三大名著莫不娴熟于此道。

一、依据《毛诗》本文判定声训成立

（1）"喓喓草虫，趯趯阜螽"……夷、悦以双声为义。（卷三·76 – 78 页）

按：此条为疏释《召南·草虫》"我心则夷"之"夷"字训。夷，余脂；悦，余月。脂、月旁对转。马氏按语：

《风雨》诗"云胡不夷"，《那》诗"亦不夷怿"，《毛传》并训夷为悦。此诗"我心则夷"对上"我心伤悲"言，犹云"我心则说"也，正当训为悦。③

二字声音相近，并且根据《诗经》本文其他"夷"字的训释，"夷"训为"悦"的说服力大大增强。

① 顾炎武：《音学五书》，北京：中华书局，1982 年，第 35 页。
② 戴震：《戴震全书·毛郑诗考正》，合肥：黄山书社，1994 年，第 648 页。
③ 马瑞辰：《毛诗传笺通释》，北京：中华书局，1989 年，第 78 页。

（2）"林有朴樕"……朴樕二字叠韵。……朴樕之转为扶苏，故《郑风·山有扶苏》《传》曰："扶苏，扶胥，小木也。"又按："林有朴樕"与"野有死鹿"相对成文。（卷三·98页）

按：朴，并屋；樕，心屋。扶，并屋；苏，心鱼。屋鱼旁对转。由此可知，"朴樕"二字韵部与"扶苏"二字韵部的确发生了转变。为了说明二者是由同一语词发生语转而成，马氏紧接着引用《郑风·山有扶苏》《传》对"扶苏"的解释"扶苏，扶胥，小木也"。此外，他还认为"林有朴樕"与"野有死鹿"相对成文，从而证明了结论。

（3）"有杕之杜"……之犹者也。之、诸一声之转。（卷十一·347页）

按：此条为疏释《唐风·杕杜》"有杕之杜"之"之"字训。马氏按语：

又按：之，犹者也。"有杕之杜"犹云"有杕者杜"，与"有頍者弁""有菀者柳""有卷者阿"字异而句法正同。《小雅》"有栈之车"与"有芃者狐"相对成文，之犹者也。之、诸一声之转。《士昏礼》注："诸，之也。"僖九年《左传》"以是藐诸孤"即"藐者孤"也。《尔雅·释鱼》："龟，前弇诸果；后弇诸猎。"犹上云"俯者灵，仰者谢"也，诸亦者也。诸、之古同训，诸训者，则之亦得训为者矣。①

---

① 马瑞辰：《毛诗传笺通释》，北京：中华书局，1989年，第347页。

为了证明"之，犹者也"，马氏列出了内证、旁证两条证据。一是根据毛诗本文文义，"之"本训为"者"；二是根据古书古注归纳出"者训诸""诸训之"的条例，相互系联，从而得出"之训为者"的结论。

（4）"生于道周"，《传》："周，曲也。"……右、周古音同部，周即右之假借。（卷十一·354 页）

按：此条为疏释《唐风·有杕之杜》"生于道周"之"周"。马氏考证为：

"道周"与"道左"相对成文，故《韩诗》训为道右。右、周古音同部，周即右之假借。右通作周，犹《诗》"既伯既祷"，祷通作稠也。寿从𠷎声，𠷎古作𡔖，从又声。……皆与周通用。（原文为小字自注）①

先根据《毛诗》"既伯既祷"之"祷"通作"稠"，得出"寿"与"周"声近。再考证"寿"声从"又"，而"又"与"右"声同，从而判定"右"与"周"声近，最终为结论找到了文献上的佐证。

（5）"方何为期"，《笺》："方今以何时为还期乎？"瑞辰按：方之言将也……方、将音近而义同。（卷十二·378 页）

按：此条为疏释《小雅·小戎》"方何为期"之"方"。马氏考证为：

方、将音近而义同。《简兮》诗"方将万舞",《吕览·爱士篇》"见野人方将食之于岐山之阳",方亦将也。……《行苇》诗"方苞方体",《正义》以方为未至之辞,是亦训方为将也……《北山》诗"旅力方刚",《节南山》诗"燎之方扬",方皆为正是也。《简兮》毛《传》训方为四方,此《笺》及《节南山》"天方荐瘥"《笺》并以方今释之,失之。[①]

马氏连举《毛诗》三篇诗的"方"字之义,来证明"方何为期"之"方"为"将"义。当然,马氏不仅举出《毛诗》文本,同时还举出其他古典文献用例作为佐证,这就使得证据更加确凿,论证更为充分。最后指出《传》《笺》在其他诗篇关于"方"之训释的错误。实可谓"通"释!

二、依据《三家诗》判定声训成立

(1)"厌浥行露"……浥厌二字双声,浥与厌亦双声。浥厌通作厌浥,犹愔愔通作厌厌也。《小戎》诗"厌厌良人",《湛露》诗"厌厌夜饮",《韩诗》俱作"愔愔"。(原文小字自注)(卷三·85页)

按:此条为疏释《召南·行露》"厌浥行露"之"浥"字训。浥,溪缉;浥,影缉;厌,影叶。溪、影邻纽,缉、叶旁转,故"厌"与"浥"声音相近,但为了说明二者相通,则列举出了《韩诗》里的异文"《小戎》诗'厌厌良人',《湛露》诗'厌厌夜饮',《韩诗》俱作'愔愔'",从而证明了结论。

---

① 马瑞辰:《毛诗传笺通释》,北京:中华书局,1989年,第378页。

（2）"赫兮咺兮"，《传》："……咺，威仪容止宣著也。"……则毛《传》亦以咺为宣之假借……咺……作愃者亦假借耳。（卷六·197 页）

按：此条为疏释《卫风·淇奥》"赫兮咺兮"之"咺"字《传》。马氏考证为：

咺，《韩诗》作宣，云"宣，显也"，与毛《传》训宣著义合，则毛《传》亦以咺为宣之假借。郑注《大学》云："咺，宽绰貌。"据《说文》"愃，宽闲心腹貌"，引《诗》"赫兮愃兮"，《玉篇》"愃，宽心也"，是郑读咺如愃，与《说文》义合，其说亦当本《韩诗》。《释文》引《韩诗》作宣者，即愃之省，而字殊义异者，盖传《韩诗》者不一家也。然据《大学》训威仪，则义从毛《传》训威仪宣著为正，作愃者亦假借耳。……段玉裁以咺为亘之假借，似非。①

此条将《韩诗》与《毛诗》对比，发现二者的训释其实一致，从而证明了毛《传》"以咺为宣之假借"的正确。

（3）"舞则选兮"……选，《韩诗》作纂，薛君曰："言其舞应《雅》乐也。"义同毛《传》。选、纂双声，古通用。选通为纂，犹算通作选也。（卷九·314 页）

按：此条为疏释《齐风·猗嗟》"舞则选兮"之"选"字训。马氏谓："选，《韩诗》作纂，薛君曰：'言其舞应《雅》乐也。'义

---

① 马瑞辰：《毛诗传笺通释》，北京：中华书局，1989 年，第 197 页。

同《毛传》。"又根据"选""纂"双声，故得出结论。

（4）"好人提提"……提为媞之假借。（卷十·319 页）

按：此条为疏释《魏风·葛屦》诗"好人提提"之"提提"训。马氏按语：

瑞辰按：提为媞之假借。《说文》："媞，谛也。"《尔雅》："媞媞。安也。"郭《注》："见《诗》。"即此诗。媞媞为安谛，又为美好。东方朔《七谏》"西施媞媞而不得见"，王逸《章句》："媞媞，好貌也。"引《诗》"好人媞媞"，盖本《三家诗》。①

马氏首先根据《说文》《尔雅》郭注等判断"提"为"媞"之假借，然后依据《三家诗》异文来判定自己的说法，很有说服力。

（5）"十亩之间兮，桑者闲闲兮"……古音石与者同声，故柘或假借作者。（卷十·327 页）

按：此条考证《魏风·十亩之间》"十亩之间兮，桑者闲闲兮"之"者"字训。马氏考证为：

"桑者闲闲兮"，《白帖》八十二引作"桑柘"，又云"十亩桑柘尽趋南陌之功"。古音石与者同声，故柘或假借作者，犹"渥渚"《韩诗》作"渥沔"也。桑、柘同类，皆可养蚕，《月令》季春"命野虞毋伐桑柘"是也。《三家诗》盖有作"桑柘"者，故《白帖》

---

① 马瑞辰：《毛诗传笺通释》，北京：中华书局，1989 年，第 319 页。

引之。二章亦当作"桑柘"。说《毛诗》者望文生义，无知柘字当训柘者，盖已久矣。[1]

不仅以《三家诗》为佐证，同时以其他古书的用例为佐证。

第二节 旁证

一、依据字书辞书判定声训成立

（1）"胡迭而微"……《释文》："迭，《韩诗》作载，音同，云：'载，常也。'"……《韩诗》作载，盖戴字之或体。……戴、至音亦相近……戴即眰也，故戴字又作载耳。（卷四·111页）

按：此条为疏释《邶风·柏舟》"胡迭而微"之"迭"字训。马氏疏释完"迭"之义为"谓日月更迭而食为不明"以后，又对《韩诗》异文"胡载而微"进行疏释：

此诗"胡迭而微"，迭、佚古通用。《方言》："佚，代也。"《广雅》："迭，代也。"谓日月更迭而食为不明。……《韩诗》作载，盖戴字之或体。迭通作载，犹《尧典》"平秩"《史记》作"便程"，《说文》引《虞书》作"平䄢"；《巧言》诗"秩秩大猷"，《说文》作"戴戴"，又趩字注"读若《诗》'威仪秩秩'"也。……戴、至音亦相近，《尔雅》："眰，大也。"《说文》："戴，

---

① 马瑞辰：《毛诗传笺通释》，北京：中华书局，1989年，第327页。

大也。"戬即晊也，故戬字又作㦷耳。[1]

首先根据《说文》所引异文，论证"戬"与"秩"可通。后又根据
《说文》《尔雅》，说明"戬即晊"，从而证明《韩诗》异文"㦷"
与"戬"通。其次，马氏根据《方言》《广雅》等考证了"迭"字
之义，最终打通了《毛诗》《韩诗》关于"迭"的训诂。

（2）"揖我谓我儇兮"……《释文》："儇，《韩诗》作婘，云
好貌。"……婘通作㜷。……又通作卷。（卷九·297 页）

按：此条为疏释《齐风·还》"揖我谓我儇兮"之"儇"字训。
马氏按语：

瑞辰按：……婘通作㜷。《玉篇》："婘，好貌。或作㜷。"又通
作卷。《泽陂》诗"硕大且卷"，《传》："卷，好貌。"《释文》：
"卷，本又作婘。"《广雅》："婘，好也。"《毛诗》作儇者，音近
假借。[2]

通过《玉篇》《广雅》证明"《毛诗》作儇者音近假借"。

（3）"爰得我直"，《传》："得其直道。"《笺》："直，犹正也。"
瑞辰按：直与道一声之转，古通用。（卷十·332 页）

按：此条为《魏风·硕鼠》"爰得我直"之"直"字训。马氏
按语：

---

① 马瑞辰：《毛诗传笺通释》，北京：中华书局，1989 年，第 111 页。
② 马瑞辰：《毛诗传笺通释》，北京：中华书局，1989 年，第 297 页。

马瑞辰《毛诗传笺通释》声训研究

瑞辰按：直与道一声之转，古通用。……《尔雅·释诂》："道，直也。""爰得我直"犹云爰得我道。《传》云"得其直道"者，正以道训直，非于直外增道字也。《笺》谓"直犹正也"，失之。①

以《尔雅》为依据，判定声训成立。

（4）"胡不佽焉"，《传》："佽，助也。"……瑞辰按：次、且一声之转……又次、兹声相近。……又资从次声，资亦助也。（卷十一·348 页）

按：此条为疏释《唐风·杕杜》"胡不佽焉"之"佽"字训。马氏按语：

瑞辰按：次、且一声之转，故佽可训助。比、次古音义同。比，辅也。辅，助也。比为助，则次亦助矣。《说文》佽字注："一曰，递也。"递、次音义正同。凡物之次第相比者皆有相助之义。《尔雅》："佴，贰也。"郭《注》："佴，次，为副贰。"《说文》："佴，佽也。"又曰："贰，副、益也。"佽、益皆助也，是知《说文》佽下"一曰递"者即助义也。②

根据《尔雅》《说文》的解释，得出凡物之次第相比者皆有助义，从而得出凡与"次""比"声音相近的都有助义，故得出"次、且一声之转"，也即"次""且"为同源词的结论。

---

① 马瑞辰：《毛诗传笺通释》，北京：中华书局，1989 年，第 332 页。
② 马瑞辰：《毛诗传笺通释》，北京：中华书局，1989 年，第 348 页。

（5）"有车邻邻"，《传》："邻邻，众车声也。"《释文》："邻，本亦作隣，又作辚。"……《广雅》："辚辚，声也。"雷声谓之辚辚，崔骃《东巡颂》："天动雷霆，隐隐辚辚。"（以小字自注）车声谓之邻邻，其义同。（卷十二·362页）

按：此条为疏释《秦风·车邻》"有车邻邻"之"邻邻"《传》，直接根据《广雅》"辚辚，声也"来证明《传》义。

二、依据其他古书判定声训成立

（1）"迨其谓之"，《传》："谓之，不待备礼也。……"《笺》："谓，勤也。……"瑞辰按：此《传》义本《周官·媒氏》"仲春令会男女"，以"谓之"为"会之"之假借。……知汇之可假作谓，又可假作会，则知谓之可假作会。（卷三·93页）

按：此条为疏释《召南·摽有梅》"迨其谓之"之"谓"《传》。谓，匣物；汇，匣物；会，匣月。物月旁转，故"谓""会"二字古音是相近的。马氏为了说明《毛传》"谓之，不待备礼也。三十之男，二十之女，礼未备则不待礼，会而行之者，所以蕃育人民也"的训释是将"谓"看作"会"之假借，举出了如下古书古注上的例证：

谓与汇同从𦣞声。《周易》"拔茅茹以其汇"，郑云"勤也"，以汇为谓之假借；王云"类也"，以汇为会之假借。又《尔雅·释木》"朴抱者谓"，谓《释文》引舍人本谓作汇。知汇之可假作为谓，又可假作会，则知谓之可假作会。[1]

---

[1]　马瑞辰：《毛诗传笺通释》，北京：中华书局，1989年，第93页。

以上论证，由王注《周易》可知"汇"与"会"相通，再由郑注《周易》以及《尔雅》的异文可知"汇"与"谓"相通。将"汇"作为桥梁，故推出"谓""会"相通。至此，"谓""会"二字既有声音上的联系，又有文献上的佐证，故指出《毛传》的训释为破通假。

（2）"吁嗟乎驺虞"……吾、虞古同音。（卷三·104 页）

按：此条为疏释《召南·驺虞》"吁嗟乎驺虞"之"虞"训。马氏按语：

欧阳修谓《毛诗》未出之前，未有以驺虞为兽名者。今按古书言驺虞者凡四，皆在《毛诗》未出以前。……吾、虞古同音，《汉书》"吾丘寿王"，《说苑》作"虞丘"可证。《五经异义》引《古山海经》《驺书》云"驺虞，兽名"，刘芳《诗义疏》亦作驺吾，是知驺吾即驺虞。①

按：吾，疑鱼；虞，疑鱼。二者古音相同，又有《汉书》《说苑》等古书上的异文，故而指出"驺吾"即是"驺虞"，从而证明了"驺虞"就是一种兽名，驳倒了欧阳修的说法。

（3）"言采其莫"，《传》："莫，菜也。"……莫又转无。（卷十·321 页）

按：此条疏释《魏风·汾沮洳》"言采其莫"之"莫"训。马

---

① 马瑞辰：《毛诗传笺通释》，北京：中华书局，1989 年，第 104 页。

氏按语：

　　莫又转无。《尔雅·释草》："须，薞芜。"郭《注》："似羊蹄，叶细，味酢，可食。"薞芜即酸摸之转音，正此诗莫菜也。或疑《尔雅》不载莫菜，误矣。①

"莫又转无"，本只是语音上的相近而已，并不能说明二者相通。而马氏根据《尔雅》郭注，证明"薞芜即酸摸之转音"，从而找到古典文献上的用例作为佐证，结论也就具有说服力了。

　　（4）"三星在天"，《传》："三星，参也。"《笺》："三星，心星也。"……参之言三也。（卷十一·345 页）

　　按：此条为疏释《唐风·绸缪》"三星在天"之"三"字训。马氏按语："参之言三也。《史记·天官书》：'参三星，直者为衡石。'"② 这里以《史记》为根据，分析"参"字的意义，从而为声训求语源的成立找到了文献佐证。

　　（5）"龙盾之合"……瑞辰按：龙、尨、蒙三字古声近通用。（卷十二·377 页）

　　按：此条疏释《秦风·小戎》"龙盾之合"之"龙"训。马氏考证为：

　　《周官·牧人》"凡外祭毁事，用尨可也"，注："故书尨作龙。"

　　① 马瑞辰：《毛诗传笺通释》，北京：中华书局，1989 年，第 321 页。
　　② 马瑞辰：《毛诗传笺通释》，北京：中华书局，1989 年，第 345 页。

杜子春曰:"龙当为尨。"《考工记·玉人》"上公用龙",郑司农亦云"龙当作尨"。《诗·旄丘》"狐裘蒙戎",《左传》作"厖茸"。是其证也。此诗龙盾盖即下章所谓蒙伐,《笺》以为厖伐也。作龙者,假借字耳。[①]

马氏根据语音的条件判定"龙、厖、蒙三字古声近通用",而后举出《周礼》等古注判定"龙当作尨",再根据《毛诗》本文判定"蒙"与"厖"通,从而得出结论。由马氏所谓"是其证也"可知,他判定声训成立,是有着自觉的以古典文献用例为佐证的意识的。

综上,马氏在运用声训进行疏释经文及《传》《笺》《疏》时,有着自觉的文献佐证意识。声训被诟病的主要原因就在于其随意性,因为语音的变化非常复杂,很多音近音同的词并不一定有意义上的联系。而以古典文献的用例作为佐证,可极大地提高声训的科学性。马氏所运用的两种方法,亦早已为乾嘉学者所娴熟运用。乾嘉学者的不足具有普遍性,而体现在马氏个人身上,其不足又有特殊性。因此马氏的声训,在今天看来亦自有其不足。在考察其不足之前,先看其突破。

---

① 马瑞辰:《毛诗传笺通释》,北京:中华书局,1989 年,第 377 页。

第八章 《通释》声训取得的突破

随着时间的推移,《通释》一书的价值越来越受到人们的重视。梁启超说:"三书比较,胡、马贵宏博而陈尚谨严,论者多以陈为最。"① 而至今天更多的学者认为马书最好。屈万里说:"在清代说《诗》的专书里,我认为马氏此书是一部最好的著作。"② 蒋见元、朱杰人说:"马氏较陈(陈奂)、王(王先谦)为优,这本书的学术价值也相应提高了。"③ 何海燕说:"个人浅见,以为马书应当代表着《诗经》考据学的最高成就。"④ 本章仅就《通释》声训对前人的突破方面进行论述,主要分为以下四个方面:利用两周铜器铭文判定声训成立,创获双声作为判断声训成立的语音条件,破假借而使本字观念更具灵活性,利用声训正确训释虚词。

---

① 梁启超:《中国近三百年学术史》(新校本),北京:商务印书馆,2011 年,第224 页。

② 屈万里:《诗经诠释》,台北:联经出版事业公司,1983 年,第22 页。

③ 蒋见元、朱杰人:《诗经要籍解题》,上海:上海古籍出版社,1996 年,第116 – 117 页。

④ 何海燕:《清代〈诗〉学研究》,北京:人民出版社,2011 年,第132 页。

第一节　利用两周铜器铭文判定声训成立

马瑞辰以前的学者常利用石经材料进行学术研究，而对两周铜器铭文的运用并不常见。在清代《诗经》学三大名著中，也只有《通释》对这一方法运用最为普遍。

（1）"不与我戍许"……今作许者，同音假借字。（卷七·235页）

按：此条为判定《王风·扬之水》"不与我戍许"之"许"为"鄦"字之假借。马氏按语：

瑞辰按：《说文》："鄦，炎帝、大岳之胤甫侯所封，在颍川。读若许。"《史记·郑世家》："鄦公恶郑于楚。"薛尚功《钟鼎款识》载《鄦子钟》二。是许正作鄦，或作鄦。今作许者，同音假借字。①

虽然据《说文》语音、《史记》异文已可作出结论，但马氏又进一步引用钟鼎铭文异文，使结论更具说服力。

（2）"彼留子嗟"，《传》："留，大夫氏。"瑞辰按：留、刘古通用。（卷七·245页）

按：此条为疏释《王风·丘中有麻》"彼留子嗟"之"留"字

---

①　马瑞辰：《毛诗传笺通释》，北京：中华书局，1989年，第235页。

为“刘”之假借。马氏按语：“薛尚功《钟鼎款识》有《刘公簋》，《积古斋钟鼎款识》作《留公簋》。留即春秋刘子邑。”① 马氏据此疏释了“留”的正确意义。

(3)“维师尚父”……父与甫同，甫为男子美称。(卷二十四·810 页)

按：此条为疏释《大雅·大明》“维师尚父”一句之“师尚父”的意思。马氏考证如下：

瑞辰按：父与甫同，甫为男子美称。尚父，其字也，犹山甫、孔父之属。连师称之，犹大师皇父之属。《宣和博古图》载《周淮父卣铭》曰“穆从师淮父”，又曰“对扬师淮父”，正与师尚父之称相同。《传》云“可尚可父”，《正义》引刘向《别录》曰“师之，尚之，父之，故曰师尚父”，《笺》以师尚父为尊称，并失之。②

马氏通过铜器铭文证明“父”字为尊称，又因为“甫”为男子美称，从而判定“父”可与“甫”通。

(4)“凫鹥在亹”，《传》：“亹，山绝水也。”《笺》：“亹之言门也。”……亹者，釁之变体，从爨省，从酉分声，与门音近，故训为门。凡物之有间可入、有隙可乘者，皆得谓之亹。……亹有门音，门、眉双声，又转为眉，故古钟鼎文“眉寿”多借作釁，亦作亹。(卷二十五·900 页)

---

① 马瑞辰：《毛诗传笺通释》，北京：中华书局，1989 年，第 245 页。
② 马瑞辰：《毛诗传笺通释》，北京：中华书局，1989 年，第 810 页。

按：此条疏释《大雅·凫鹥》"凫鹥在亹"的"亹"之《笺》。马氏认为《笺》"亹之言门"是声训，而在语音上"亹"的确与"门"相近。然而这还不足以说明问题。马氏又以钟鼎文"眉寿"之"眉"作"釁"或"亹"为线索，从而找到了铜器铭文上的佐证，证明了结论。

《通释》一书对此方法的运用较为常见。这使声训的结论更加可信，并给后来的学者，如于省吾等人利用甲骨文、金文等古文字研究《诗经》以很大的启发。

第二节　创获双声作为判断声训成立的语音条件

马瑞辰继承了乾嘉诸儒的"因声求义"理论，然而并未停止不前。在语音条件方面，马氏又提出双声亦可假借的理论。马氏在《自序》中说："以古音古义证其讹互，以双声叠韵别其通借。"① 而马氏之前的乾嘉学人有昧于此道者。

戴震云："凡同位则同声，同声则可以通乎其义。位同则声变而同，声变而同则其义亦可以比之而通。……俾疑于义者以声求之，疑于声者以义正之。"② 此时戴震提出了语言学声义结合的原理，然而对于声音还只是所谓"同声"的笼统说法。王念孙说："吾友段氏若膺，于古音之条理，察之精，剖之密，尝为《六书音均表》。立十七部以综核之……一以十七部之远近分合求之，而声音之道大

---

① 马瑞辰：《毛诗传笺通释》，北京：中华书局，1989 年，自序第 1 页。
② 戴震著，杨应芹整理：《东原文集》（增编），合肥：黄山书社，2008 年，第139 页。

明。"① 由此可知，段玉裁在声训方面语音的关注点，主要也是集中于韵部上。王引之云："大人则喜曰：'乃今可以传吾学矣。'遂语以古韵廿一部之分合，《说文》谐声之义例，《尔雅》《方言》及汉代经师训诂之本原。大人曰：'训诂之指存乎声音。字之声同声近者，经传往往假借。学者以声求义，破其假借之字而读以本字，则涣然冰释；如其假借之字而强为之解，则诘籀为病矣。'"② 由此亦可推知，王念孙传授给王引之的只是古韵二十一部，在语音方面也没有探讨声纽的问题。其实，清代古音学声纽的研究还很不成熟。"上古声纽的研究，比韵部研究困难得多。……上古究竟有多少声纽，至今还没有定论。……清代古音学家的古纽研究，只有钱大昕的古无舌上音轻唇之说是可信的。……其余都不足道。"③ 所以，后来马氏才批评段玉裁"不知双声字古亦通用"④ 的弊病。

（1）"沬之乡矣"，《传》："沬，卫邑。"瑞辰按：……沬、妹均从未声，未、牧双声……妹、牧、母亦双声。（卷五·178页）

按：此条为疏释《鄘风·桑中》"沬之乡矣"之"沬"为何地。马氏按语：

沬，《书·酒诰》作妹邦。沬、妹均从未声，未、牧双声，故马融《尚书注》云"妹邦即牧养之地"，盖谓妹邦即牧野也。妹、牧、母亦双声，牧《说文》作坶，牧、母古同声。《说文》："母，牧也。"（以小

---

① 段玉裁：《说文解字注》（续修四库全书本，第204册），上海：上海古籍出版社，2002年，第369页。

② 王引之：《经义述闻》（续修四库全书本，第174册），上海：上海古籍出版社，2016年，第567页。

③ 王力：《清代古音学》，北京：中华书局，2013年，第266页。

④ 马瑞辰：《毛诗传笺通释》，北京：中华书局，1989年，第160页。

字自注）云"朝歌南七十里地"。《后汉书·郡国志》"朝歌县南有牧野"，正与妹在廊地居纣都之南者合。……此诗孔《疏》云"纣都朝歌"，明朝歌即沬也，犹郑君以妹邦为纣都，亦统言之耳。①

通过"沬""牧"双声，以及文献佐证，马氏断定"沬"即为纣都朝歌。

（2）"苟亦无信"，《传》："苟，诚也。"《笺》："苟，且也。"……（苟）训诚，又训且，训假，皆双声假借也。苟、假双声，苟与姑亦双声。（卷十一·359页）

按：此条疏释《唐风·采苓》"苟亦无信"的"苟"字之《笺》义。马氏按语：

《说文》："苟，草也。"训诚，又训且，训假，皆双声假借也。苟、假双声，苟与姑亦双声。训且者，以苟为姑之假借。此诗苟字当从《笺》训且，谓姑置之勿信、勿与、勿从也。②

马氏认为"苟"与"姑"双声，从而认为二字通假，最终疏释了《笺》，即破了通假。

（3）"秩秩斯干"，《传》："……干，涧也。"……干与间、涧双声，古通用。（卷十九·580页）

按：此条为《小雅·斯干》"秩秩斯干"之"干"假借为"涧"。

---

① 马瑞辰：《毛诗传笺通释》，北京：中华书局，1989年，第178页。
② 马瑞辰：《毛诗传笺通释》，北京：中华书局，1989年，第359页。

瑞辰按：……干与间、涧双声，古通用。《易》"鸿渐于干"，荀、王《注》："干，山间涧水也。"《聘礼记》"皮马相间"，郑《注》："古文间作干。"《考盘》"在涧"，《韩诗》涧作干。皆其证也。故《传》知干即涧之假借。①

马氏看出"干""涧"双声，又利用文献佐证，证出结论。

（4）"何锡予之"，瑞辰按：锡与赐双声。（卷二十三·760页）

按：此条疏释《小雅·采菽》"何锡予之"之"锡"字训。马氏按语：

《尔雅·释诂》："锡，赐也。"锡即赐之假借。《公羊》庄元年《传》："锡者何？赐也。"《说文》："赐，予也。"锡予即赐予耳。《仪礼·燕礼》《注》云："古文赐作锡。"《觐礼》《注》又曰："今文赐皆作锡。"《春秋左氏经》成八年"天子使召伯来赐公命"，《公》《谷经》俱作锡。皆赐通作锡之证。②

虽然"锡"与"赐"双声，但马氏依然罗列大量文献用例及异文，作为二者相通的佐证。

（5）"思媚其妇，有依其士"，……《笺》："依之言爱也。……"瑞辰按：依、爱以双声为义。依与殷亦双声，古通用。（卷三十·1103页）

---

① 马瑞辰：《毛诗传笺通释》，北京：中华书局，1989年，第580页。
② 马瑞辰：《毛诗传笺通释》，北京：中华书局，1989年，第760页。

按：此条为解释《周颂·载芟》"思媚其妇，有依其士"之"依"字训。马氏按语：

依、爱以双声为义。依与殷亦双声，古通用。王尚书曰："依之言殷也。马融《易注》：'殷，盛也。'有依为壮盛之貌。'有嗿其馌'四语皆形容之词。"其说是也。①

马氏在王引之声训的基础上，又具体说二者双声，从而推求了语源。

马氏发明此理论，虽说是创获，但也给他的声训带来一些弊端。"古音通假的原则在训诂学上虽然起了很大的作用，但是也产生了一些流弊。原因是有些学者没有严格遵守古音通假的原则，他们把双声叠韵看成灵丹妙药，主观地肯定某一意义，再去找双声叠韵的证据。有时候，甲字和乙字虽双声，但是韵部相差很远。"② 双声的确是语音条件的一部分内容，若撇开马氏此发明带来的弊端，单从语音条件上来讲，也算是他对前人的突破了。

第三节 破假借而本字观念更具灵活性

这里所谓假借，主要是指用字上的通假，而非造字上的假借。假借的核心问题，便是本字的判定。只有本字确定了，假借才有着落。然而，本字的确定，一直是一个颇具争议的问题。"从前的文字学家们由于迷信《说文》，对于《说文》所收的字，不但不敢认为是后起字，反而认为是本字，同时认为第一个字是假借字。"③ 裘锡

① 马瑞辰：《毛诗传笺通释》，北京：中华书局，1989 年，第 1103－1104 页。
② 王力：《古代汉语》，北京：中华书局，1999 年，第 552 页。
③ 王力：《古代汉语》，北京：中华书局，1999 年，第 172 页。

圭在谈到朱骏声的《说文通训定声》时说："朱氏所以这样做，是由于他跟其他清代文字学者一样，过分推崇《说文》，不加分析地把《说文》奉为用字的圭臬的缘故。他们通常认为，如果一个意义（实际上就是我们所说的词）在《说文》里有把它当作本义的所谓'正字'的话，古书上其他用来表示这个意义的字，都应该看作这个正字的假借字。"① 马氏以前或与他同时代的学者，往往把《说文》作为文字使用的唯一标准。他们在破释假借字的时候，总是千方百计地在《说文》中找本字。然而，《说文》是有局限性的，完全遵从《说文》，必然会使寻求本字出现问题。

　　通过对《通释》一书破假借的考察，笔者发现马氏所谓本字大多取自《说文》，这说明其本字观念亦以《说文》为标准。然而马氏所谓本字，除了取自《说文》，还取自汉代的《尔雅》《方言》《小尔雅》《释名》，魏晋南北朝的《广雅》《字林》《玉篇》，唐宋的《广韵》，等等。当然，马氏取自《说文》以外的本字，未必都是形义相合，很多情况下只是为了训释诗文，而取古通用字作为本字（即以古代典籍通行惯用的字为本字，而其形义未必相合）。这是马氏以前的学者所不敢想象的。职是之故，马氏虽亦以《说文》为本字标准，却不拘泥于《说文》，表现出一定的灵活性，同时也使其破假借更具科学性。

　　（1）"静女其姝"……《方言》："齐魏燕代之间谓好曰姝。"……《说文》："袾，好佳也。"引《诗》"静女其袾"。裞字注："一曰，若'静女其袾'之袾。……"袾则姝之同音假借也。（卷四·156页）

---

　　① 裘锡圭：《文字学概要》（修订本），北京：商务印书馆，2013年，第175页。

按：此为破《说文》引《邶风·静女》"静女其姝"之"姝"字假借。首先列出《方言》"姝"字的解释"齐魏燕代之间谓好曰姝"，再列出《说文》"姝，好佳也"，引《诗》"静女其姝"，进而根据《方言》判定《说文》引《诗》"静女其姝"之"姝"是"姝"之假借。又按：《说文》："姝，好也。从女，朱声。"① 马氏"姝"字虽取自《方言》，但和《说文》义同。

（2）"永矢弗告"……告、菊双声，告即鞠之假借。《尔雅》："鞠，穷也。"《说文》："鞠，穷也。"《文王世子》"告于甸人"，郑《注》"告当为鞠"，《正月》诗"日月告凶"，《汉书·刘向传》作"鞠凶"，皆告、鞠通用之证。（卷六·202 页）

按：此为破《卫风·考盘》"永矢弗告"一句之"告"字假借。马氏根据《文王世子》郑注，《汉书·刘向传》引《正月》诗异文，得出"告""鞠"通用，从而以《尔雅》之"鞠"字为本字。《说文》："告，牛触人，角箸横木，所以告人也。"② 《说文》："鞠，蹋鞠也。"③ 虽然《说文》收"鞠"字，但马氏依然不据《说文》，且与《说文》之释不合。

（3）"鲜民之生"，《传》："鲜，寡也。"……《传》以鲜为尟之假借。（卷二十一·669 页）

按：此条为破《小雅·蓼莪》"鲜民之生"之"鲜"字假借。

① 汤可敬：《说文解字今释》，长沙：岳麓书社，1997 年，第 1760 页。
② 汤可敬：《说文解字今释》，长沙：岳麓书社，1997 年，第 176 页。
③ 汤可敬：《说文解字今释》，长沙：岳麓书社，1997 年，第 390 页。

马氏按语："《广韵》：'尟，寡也。'《传》以鲜为尟之假借，故训为寡。"① 以《广韵》所收字为正字，反映了马氏治学宏通的理念。又按：以《广韵》所收字为本字的条例非常少，仅见此一条。

（4）"酌彼康爵"……此诗康当为荒之假借。……《释名》："荒，大也。"（卷二十二·751 页）

按：此为破《小雅·宾之初筵》"酌彼康爵"之"康"字假借。《说文》："荒，芜也。从艸，巟声。一曰：艸淹地也。"② 这里亦不取《说文》所收字为本字，而以《释名》所收"荒"为本字。

（5）"则莫我敢承"，《传》："承，止也。"《笺》："天下莫敢御也。"……此诗承当即惩之假借。（卷三十一·1150 页）

按：此条疏释《鲁颂·閟宫》"则莫我敢承"之"承"字假借。马氏按语：

> 哀四年《左传》"诸大夫恐其又迁也，承"，杜《注》："承音惩，盖楚言。"此诗承当即惩之假借，故《传》训止，即以训惩者释之。《笺》训承为御，御亦止也。诗上言"荆舒是惩"，故下假借承字以与惩为韵，此亦诗人义同字变之例耳。③

马氏这里以《左传》杜《注》之"惩"为本字。当然，另一条证据就是"诗人义同字变之例"，即根据作品的体式来破通假，确定

---

① 马瑞辰：《毛诗传笺通释》，北京：中华书局，1989 年，第 669 页。
② 汤可敬：《说文解字今释》，长沙：岳麓书社，1997 年，第 126 页。
③ 马瑞辰：《毛诗传笺通释》，北京：中华书局，1989 年，第 1150 页。

本字。

目前尚未发现《通释》取元明以后的字书、辞书、韵书等所收之字作为本字的声训条目。

第四节　利用声训正确训释虚词

清代以前，虚词训释较为薄弱。自王引之《经传释词》始，清代的虚词理论方得以总结，而马瑞辰则在王引之的基础上，将《诗经》的虚词训释实践推向一个新的高度。主要表现在以下三点：首先是对前人虚词训释的错误进行纠正；其次是训释很多前人未训之虚词；最后是在继承王引之虚词训释原理的基础上，进行归纳总结，使之成为法则。下面以举例的方式进行论述。

（1）"宛在水中央"……《诗》多以中为语词。（卷十二·384页）

按：此条为解释《秦风·蒹葭》"宛在水中央"之"中"字训。马氏按语：

《说文》："央，中也。"又曰："央、旁同意。"《诗》多以中为语词，"水中央"犹言水之旁也，与下二章"水中坻""水中沚"同义。若如《正义》以"中央"二字连读，则与下章坻、沚句不相类矣。①

----

① 马瑞辰：《毛诗传笺通释》，北京：中华书局，1989年，第384页。

马氏首先根据《说文》中的声训认为"央""旁"意义相同，谓"水中央"说的是水之旁的意思。又根据全《诗》"中"字为虚词的用法，以及与本诗"宛在水中坻""宛在水中沚"诗义相对照，认为"中央"之"中"为语词，否则与"中坻""中沚"句法不相类。此条为训释前人未训之虚词。

（2）"曰杀羔羊"……曰、聿、吹、遹，四字古通用。（卷十六·470 页）

按：此条为利用声训辨正《豳风·七月》诗"曰杀羔羊"之"曰"字孔疏。马氏说：

"曰杀羔羊"与上"曰为改岁"，《韩诗》作"聿为"，皆语词。《正义》谓"相命曰当杀羔羊"，失之。①

利用"曰""聿"二字声音相近，以及《韩诗》异文，辨正了孔氏以实词训释之误。此条为对前人训释错误的虚词进行纠正。

（3）"王赫斯怒"……斯乃语词，斯犹其也。（卷二十四·849 页）

按：此条为疏释《大雅·皇矣》诗"王赫斯怒"之"斯"字训。马氏说：

然以经文观之，斯乃语词，斯犹其也。"王赫斯怒"犹云王赫其

---

① 马瑞辰：《毛诗传笺通释》，北京：中华书局，1989 年，第 470 页。

怒，与《诗》言"有扁斯石""则百斯男""有秩斯祜"句法正同，不得如郑训为尽也。《正义》释《传》，训斯为此，亦非。①

马氏首先根据"斯"与"其"声音相近，又归纳出《诗经》其他此类句式，从而不仅训释出此诗此字，还训释了同类句法的其他字词。此条为对虚词理论进行归纳总结。非对《诗经》烂熟于心者，不得有此解也。

---

① 马瑞辰：《毛诗传笺通释》，北京：中华书局，1989 年，第 849 页。

第九章 《通释》声训存在的不足

《通释》一书声训条目繁多，方法亦较科学，故成就很高。训诂学中声训所具有的价值，《通释》声训基本俱全，大致有以下几个方面：破假借，求语源，通转语，归纳联绵词，正确运用"右文说"。然而，以今天的学术眼光来看，《通释》一书之声训亦有其不足。考察《通释》声训的不足，有利于我们更好地利用它，同时对现代训诂学的发展也具有一定的借鉴意义。

第一节 考据的不足

一、迷信《说文》失之穿凿

漆永祥说："乾嘉学者在小学研究中依据的材料，研究文字主要靠《说文》；研究古音主要依靠《广韵》上推古音……研究训诂主要依靠《尔雅》《说文》及经籍旧注等。这些他们认为最直接、最能推求本义的材料，有许多实际上并不能完全反映文字的形体音声之本来状态。"[①] 马氏运用《说文》时也有这方面的问题，几乎每条

---

① 漆永祥：《乾嘉考据学研究》，北京：中国社会科学出版社，1998 年，第 305 页。

训诂都牵涉《说文》，故其穿凿自然不少。

（1）"羔羊之革"……革、鬲古同音，革当为襣之同音假借。（卷三·90 页）

按：此条为疏释《召南·羔羊》"羔羊之革"之"革"字训。马氏为了证明"革"为"襣"之假借，做了如下考证：

《说文》："襣，裘里也。从裘，鬲声。读如击。"……《玉篇》："襣，裘里也。或作襣。"古者裘皆表其毛而为之里以附于革，谓之襣。《诗》"羔羊之皮，素丝五紽"，皮言其表也；"羔羊之革，素丝五緎"，革言其里也；"羔羊之缝，素丝五总"，合言其表与里也。革即襣之假借，《毛传》谓革犹皮，失之。①

对"襣"字的解释，《玉篇》本于《说文》。马氏仅据《说文》对"襣"字进行解释，进而提出"皮言其表""革言其里""合言其表与里"的说法。又按：据《字源》"襣"字条：

形声字。……先秦古文字及秦汉魏晋出土文字资料中皆不见襣字，也不见于传世古典文献，只见于《说文》《玉篇》《广韵》等字书。……宋罗泌《路史·国名纪·周世侯伯》："眉器南宫中鼎云襣人是。"襣在此用为人名或氏族名。②

由此可知，"襣"字并无文献上的佐证，马氏迷信《说文》，仅凭主观附会《诗》义。

---

① 马瑞辰：《毛诗传笺通释》，北京：中华书局，1989 年，第 90 页。
② 李学勤主编：《字源》，天津：天津古籍出版社，2012 年，第 740 页。

（2）"顷筐塈之"……气、乞实一字，摡、既皆当为乞之声近假借，故得训取。（卷三·92－93页）

按：此条为疏释《召南·摽有梅》"顷筐塈之"之"塈"字训。马氏为了证明"摡""既"为"乞"之假借，做了如下考证：

《玉篇》引《诗》"顷筐摡之"，盖本《三家诗》。《广雅》："摡，取也。"……《说文》训摡为涤，引《诗》"摡之釜鬵"，又训既为小食，皆不为取。《说文》乞作气，音气，后变作乞，训为乞取。据《一切经音义》引《仓颉篇》"乞谓行匄也"，则乞字《仓颉篇》已有之。气、乞实一字，摡、既皆当为乞之声近假借，故得训取。①

又按："摡"字本为本字。《三家诗》《广雅》皆作"摡"字，训为"取"，而《说文》则否，马氏便依据《说文》而认定"摡"亦非本字，而是"乞"字之假借。然而，马氏并未举出"摡""乞"相通的文献例证，故其说服力也就减弱了许多。

（3）纯、屯皆稇之假借。（卷三·98－99页）

按：此条为疏释《召南·野有死麕》"白茅纯束"之"纯"字训。

纯、屯古通用。……纯、束二字同义，纯亦束也。……据《说文》"稇，絭束也"……纯、屯皆稇之假借。②

---

① 马瑞辰：《毛诗传笺通释》，北京：中华书局，1989年，第92－93页。
② 马瑞辰：《毛诗传笺通释》，北京：中华书局，1989年，第98－99页。

马氏据《说文》对"稛"的解释，而认为"纯""屯"为"稛"之假借。据《字源》①"纯""屯"皆有束义，又据《古代汉语通假字大字典》②，"纯""屯"皆没有假借为"稛"之用例，故不必言"纯""屯"为"稛"之假借。

二、拘泥《传》《笺》失之附会

"实事求是，是乾嘉学者治学时最为宝重的原则，但这一原则的坚持却有其局限性：其一，不敢议经，凡《五经》所论者皆无条件遵从，与经文不合者缘饰以解之；其二，对汉儒的突破有很大的局限，在不同程度上仍依赖汉儒旧说而强为之解。"③马氏虽较少乾嘉学者强烈的门户之见，但亦时有回护《传》《笺》，而失之附会者。

（1）"喓喓草虫，趯趯阜螽"《传》："……阜螽，蠜也。卿大夫之妻待礼而行，随从君子。"《笺》："草虫鸣，阜螽跃而从之，异种同类，犹男女嘉时以礼相求呼。"……故以虫为螽之假借……负古读如丕，其义为大，盖对阜螽为小者言之。（卷三·76-77页）

按：此条为解释《召南·草虫》"喓喓草虫，趯趯负螽"之"虫"字训。马氏首先根据《月令》蔡邕《章句》里的异文，以及阮元《研经室集》说明"虫"假作"螽"。接着根据《毛诗正义》引李巡《尔雅注》"阜螽，蝗子也"说明螽之小者为阜螽。而《传》说"卿大夫之妻待礼而行，随从君子"，《笺》说"阜螽跃而从之，异种同类，犹男女嘉时，以礼相求呼"，所以马氏根据《尔雅》"草

① 参见李学勤：《字源》，天津：天津古籍出版社，2012年，第1130、28页。
② 王海根编纂：《古代汉语通假字大字典》，福州：福建人民出版社，2006年，第663、244页。
③ 漆永祥：《乾嘉考据学研究》，北京：中国社会科学出版社，1998年，第301页。

蝨，负蠜"穿凿出"负读如丕，其义为大，盖对阜蝨为小者言之"之说，认为"草虫"是大者，"阜蝨"是小者，符合《传》《笺》所谓寓含美刺的随从君子之说。又按：虽"负""丕"二字韵部相同，声纽为旁纽，声音相近，但没有其他文献作为佐证，不能判定为通假。并且，二字非同源词关系，仅仅具有声音上的联系，故此说为拘泥《传》《笺》而失之穿凿。

（2）"吁嗟乎驺虞"，《传》："驺虞，义兽也。白虎黑文，不食生物，有至信之德则应之。"……茜、驺声近，耳、牙形近。耳即牙也，牙即吾也，吾即虞也。（卷三·104－105页）

按：此条疏释《召南·驺虞》"吁嗟乎驺虞"之"驺虞"《传》义。牙，疑鱼；吾，疑鱼。二者古音相同。马氏为了证明《传》的训解"驺虞"为义兽列了四条论据，其中一条为：

《周书·王会》云："央林酋耳，酋耳若虎，尾参于身，食虎豹。"据《汉书》，武帝时获异兽驺牙，以驺牙为驺虞，则知酋耳即驺牙之讹。酋、驺声近，耳、牙形近。耳即牙也，牙即吾也，吾即虞也。[①]

为了申明《传》意，首先说"酋、驺声近"，将二者定为通假异文；其次说"耳、牙形近"，将"耳"作为"牙"之讹；接着根据"牙""吾"古音相同，说"牙即吾也"，从而证明了《传》意。以上说法并无文献上的佐证，似有穿凿之嫌。又按：马氏另外三条论证，论据恰当，论证充分。

---

① 马瑞辰：《毛诗传笺通释》，北京：中华书局，1989 年，第 105 页。

（3）"总角丱兮"，《传》："总角，聚两髦也。丱，幼稚也。"……《传》训为幼稚者，特以丱读鲲，训为鱼子，与人之幼稚同耳，不若训为总角貌为善。（卷九·307－308 页）

按：此条为疏释《齐风·甫田》"总角丱兮"之"丱"字《传》义。马氏按语：

是知今《毛诗》作丱者，俗也。卝当即丱之省。……是古字从丱者多省作卝，又皆象头角之形。此诗"总角卝兮"，卝亦象两角之貌。《传》训为幼稚者，特以丱读鲲，训为鱼子，与人之幼稚同耳，不若训为总角貌为善。[1]

马氏首先考证出"丱"为"卝"之俗体，为总角貌。然后，来疏释《毛传》"丱，幼稚也"的训诂，认为"丱"为"鲲"，而"鲲"为鱼子，故以喻人之幼稚。既考出"丱"字之义，则不必回护《毛传》之训。《毛传》训此，或许本来就是错误的。而马氏依据声音上的联系，疏通《毛传》，亦可谓依声立"说"。

三、证据不足失之臆测

《通释》一书素有"宏博"之誉，而陈奂之《诗毛氏传疏》则有"谨严"之赞。既"宏博"，则易有疏漏。经考察，《通释》一书确有在考据时证据不足的情形。

（1）"舒而脱脱兮"……瑞辰按：《方言》《说文》《广雅》并曰："娧，好也。"《玉篇》云："娧，好貌。"脱脱即娧娧之假借。

---

[1] 马瑞辰：《毛诗传笺通释》，北京：中华书局，1989 年，第 307－308 页。

而，当作女字解，谓吉士也。脱脱，状吉士之好貌。舒，语词。（卷三·99页）

按：此条疏释《召南·野有死麕》"舒而脱脱兮"之"脱脱"训。脱，透月；娧，透月。马氏对"舒而脱脱兮"这句诗是这样训释的："舒"为语词；"而"为女，即是第二人称代词。又根据《方言》《说文》《广雅》"娧，好也"，《玉篇》"娧，好貌"，从而说明"脱脱"即"娧娧"之假借。而"脱脱"假借为"娧娧"，古书上没有其他用例，只是古音相同而已。

（2）"灵雨既零"，《传》："灵，善也。零，落也。"……令即灵之假借。……零者，霝之假借。（卷五·183页）

按：此条疏释《鄘风·定之方中》"灵雨既零"之"零"字训。马氏按语：

《尔雅·释诂》："令，善也。"令即灵之假借。《书正义》引《释诂》作"灵，善也"。灵《说文》训巫，本为巫善事神之称，因通谓善为灵。此诗作灵为正字，余作令训善者皆灵之假借。零者，霝之假借。《说文》："霝，雨零也。""零，雨零也。"零即落之本字。若零，则《说文》训为徐雨。[①]

这里仅据《说文》的解释来判断假借，而无古文献上的假借用例。

（3）"履我发兮"，《传》："发，行也。"瑞辰按：发当为跋之假

---

① 马瑞辰：《毛诗传笺通释》，北京：中华书局，1989年，第183页。

借。（卷九·300 页）

按：此条疏释《齐风·东方之日》"履我发兮"之"发"字训。

发当为跋之假借。《诗·载驰》《传》："草行曰跋。"凡行亦通谓之跋。跋借作发，犹墢通作坺也。《周语》"王耕一坺"，亦作墢。（小字自注）①

这里马氏自注的"《周语》'王耕一坺'，亦作墢"，只是证明"发""友"声音相同或相近，可以假借，但古文献中有无此例假借，则不得而知。

第二节　破假借过滥

有关马氏利用声训破假借的批评早已有之。假借的弊病，已是现代学人的常识。通过对《通释》一书声训破假借的考察，笔者发现其讲假借主要有以下两大失误。

一、不破亦通而言假借

董同龢在其所翻译的高本汉《诗经注释》自序里曾说："高氏不轻言假借。……然而，即使音也全同，例证也有，只要照字讲还有法子讲通，他仍然不去相信那是假借字。他曾不止一次的批评马瑞辰的轻言假借。"②《通释》一书确有此弊。下面举例论述。

① 马瑞辰：《毛诗传笺通释》，北京：中华书局，1989 年，第 300－301 页。
② 高本汉著，董同龢译：《高本汉诗经注释》，上海：中西书局，2012 年，第 4 页。

（1）"不可详也"……详即扬之同音假借。（卷五·169 页）

按：此条为疏释《鄘风·墙有茨》"不可详也"之"详"字假借。

瑞辰按：据《释文》引，《韩诗》作"扬"，云"扬，犹道也"。《广雅》："扬，说也。"详即扬之同音假借。①

若以"详"字《毛传》训为"审"，完全可通，不必以《韩诗》指为假借。

（2）"硕人其颀"……段玉裁谓：……今按嫣与引、永、艳俱双声。……颀或即嫣之假借。（卷六·202－203 页）

按：此条为疏释《卫风·硕人》"硕人其颀"之"颀"字假借。

又按《说文》："颀，头佳貌。"引申为长貌。《齐风》"颀若长兮"，亦以颀为长貌。《说文》："嫣，长貌。"段玉裁谓嫣与颀声相近。今按嫣与引、永、艳俱双声。《说文》："艳，好而长也。"引、永皆为长，故嫣有长义，颀或即嫣之假借。②

此条马氏已根据《说文》判定出"颀"有长义，然而，又根据段玉裁"嫣与颀声相近"的说法，从而判定"颀"为"嫣"之假借。其实，完全不必如此。"颀"训长义，已很符合诗义。

---

① 马瑞辰：《毛诗传笺通释》，北京：中华书局，1989 年，第 169 页。
② 马瑞辰：《毛诗传笺通释》，北京：中华书局，1989 年，第 203 页。

（3）"君子陶陶"……陶陶即慆慆之假借。（卷七·232–
233页）

按：此条为疏释《王风·君子阳阳》"君子陶陶"之"陶陶"
假借。

瑞辰按：陶、繇古同音通用。《书·皋陶谟》《释文》"陶，本
又作繇"是也。陶可作繇，即可通作慆。《说文》："慆，喜也。"陶
陶即慆慆之假借。《檀弓》"人喜则斯陶"，陶亦慆也。……《广雅》
既曰"养，乐也"，《方言》《广雅》又曰"陶，养也"，是陶即
乐也。①

"陶"字本有乐义，不必依据《说文》"慆，喜也"，判定"陶"即
"慆"之假借。

二、语音相近的标准过于宽泛

王念孙在《广雅疏证》中指出："诂训之旨，本于声音。"② 由
于王氏父子在训诂学上的巨大影响，后世学者大都尊崇这一训诂理
论。及其蔽也，则易造成所谓利用语音关系的"一声之转"而无所
不通的现象。裘锡圭曾批评说："只有读音跟某个字相同或很相近的
字，才有可能作这个字的通假字。但是很多人却大讲所谓'双声通
假''叠韵通假'，认为两个字只要它们的声母和韵母这两种语音成
分里的一种相同或相近，就可以相通假，另一种语音成分即使很不
一样也没有关系。这样，有可能相通假的字的范围就变得漫无边

---

① 马瑞辰：《毛诗传笺通释》，北京：中华书局，1989 年，第 232–233 页。
② 王念孙：《广雅疏证》，南京：江苏古籍出版社，1984 年，自序第 1 页。

际了。"①

（1）"我姑酌彼兕觥"，《传》："兕觥，角爵也。"……角、鹿古同声。……鹿即角之假借。（卷二·46－47页）

按：此条疏释《周南·卷耳》"我姑酌彼兕觥"之"觥"字训。查《汉字古音手册》知：角，见屋；鹿，来屋。②见、来相差很远。二字语音关系只是叠韵，故不构成相假借的语音条件。

（2）"委蛇委蛇"……委音近为，故字或从为……遗从贵声，与委音近，故委又通遗……（卷三·88－89页）

按：此条疏释《召南·羔羊》"委蛇委蛇"之"委"字训。查《汉字古音手册》知：委，影歌；为，匣歌；遗，余微。③再根据《同源字典》：影匣邻纽，歌微旁转，影余相差很远。"委"和"为"邻纽同部，声音相近，在语音条件上是成立的。而"委"与"遗"在声纽上相差很远，韵部旁转，只有韵部相近，故在语音条件上不成立。

（3）"追琢其章"，《传》："追，雕也。金曰雕，玉曰琢。"……追即雕之假借。（卷二十四·827页）

按：此条疏释《大雅·棫朴》"追琢其章"之"追"字训。查

① 裘锡圭：《文字学概要》（修订本），北京：商务印书馆，2013年，第196页。
② 参见郭锡良：《汉字古音手册》（增订本），北京：商务印书馆，2010年，第260、168页。
③ 参见郭锡良：《汉字古音手册》（增订本），北京：商务印书馆，2010年，第218、219、221页。

《汉字古音手册》知：追，端微；雕，端幽。① 微、幽相差很远。故此二字语音关系只是同纽，并不构成假借的语音条件。

三、缺乏文献佐证

无论是破假借，还是求语源，文献佐证都是非常必要的；若无文献上的佐证，很多声训都不能令人信服。王力对此很谨慎："为了保险，《同源字典》大量地引用古人的训诂，来证明不是我个人的臆断。"②

（1）"羔裘晏兮"……晏与温双声而义同，晏与燠亦双声。（卷八·265 页）

按：此条为疏释《郑风·羔裘》"羔裘晏兮"之"晏"字训。

瑞辰按：晏与殷双声，殷，盛也，《传》盖以晏为殷之假借，故训为鲜盛。宋玉《九辨》"被荷裯之晏晏兮"，王逸《注》："晏晏，盛貌也。"义与《毛》同。今按《尔雅》："晏晏、温温，柔也。"晏与温双声而义同，晏与燠亦双声。裘取其温，晏之义当为温燠。③

马氏提出两种说法，不断是非，让读者自己思考。而对于第二种说法，马氏没有举出文献证据。

（2）"风雨潇潇"……今按潚字入声音肃，平声同羞，转音霄，

① 参见郭锡良：《汉字古音手册》（增订本），北京：商务印书馆，2010 年，第 230、266 页。
② 王力：《同源字典》，北京：商务印书馆，1982 年，第 2 页。
③ 马瑞辰：《毛诗传笺通释》，北京：中华书局，1989 年，第 265 页。

其字或借作萧萧。（卷八·278页）

胡承珙曰："明刻旧本《毛诗》作潚，今本误作潇。犹《水经·湘水篇》'出入潚湘之浦'，今亦讹作潇也。"今按潚字入声音肃，平声同羞，转音宵。其字或借作萧萧。《楚词·九叹》"秋风浏以萧萧"，又《九怀》"秋风兮萧萧"。萧萧即潚潚之假借。后人不知萧有宵音，故妄增潇字耳。①

首先引胡承珙《毛诗》不同版本之异文判断出了"潚"当作"潇"，而马氏又进一步指出"潚"还假借作"萧萧"，并没有举出古文献之其他用例，则是仅凭臆测了。

（3）"鞠又鞠止"……鞠者，毂之假借。（卷九·306页）

按：此条为疏释《齐风·南山》"鞠又鞠止"之"鞠"字训。马氏按语：

《传》从《尔雅》训鞠为穷，是也。《广雅》："穷，极也。"训鞠为穷，正与下章"鞠又极止"同义。鞠者，毂之假借。《说文》："毂，穷也。从鞠。"鞠、穷以双声为义。《笺》训盈，《公刘》《传》又训鞠为究，并与穷义近。②

马氏仅仅根据《说文》来判断，没有举出其他文献上假借的用例。

---

① 马瑞辰：《毛诗传笺通释》，北京：中华书局，1989年，第278－279页。
② 马瑞辰：《毛诗传笺通释》，北京：中华书局，1989年，第306页。

第三节　因袭"右文说"之误

"右文说"直到现代语言学才真正揭开它神秘的面纱，找到它真正的"命门"。以往学者每每犯此错误，马氏亦不例外。"一方面，同从一声的形声字在意义上不见得都有联系；另一方面，为在意义上有明显联系的同源词而造的形声字，也不见得都同从一个声旁。他们完全可以使用同音或音近的不同声旁。""有些讲右文的人，喜欢说'凡从某声，皆有某义'一类话。这是不符合实际的。"① 若说某字从某声、有某义的话，必须结合文献语言材料的佐证。

（1）"蒙彼绉絺"……参本训稠发，故从参得声者可训重也。（卷五·176 – 177 页）

按：此条疏释《鄘风·君子偕老》"蒙彼绉絺"之"绉絺"训。参，《字源》："构形之义不明。《说文》：'参，稠髮也。从彡，从人。'……从文意上无法证实究为何字。……参字形义未详，先秦文献借用参为鬒（稠发）之义，《说文》据借义推究字形结构，不可从。后来制发字作为后起本字代替了原来的借字参字。"② 由此可知，马氏正是依据《说文》错误的字形分析来言词义的。又按：即使"参"字为"稠髮"义，亦不可言"从参得声者可训重"。

（2）"齿如瓠犀"……《毛诗》作犀者，即栖之假借。……栖之为言齐，犹妻亦训齐。……古齐等字本从妻声也。（卷六·204 页）

---

① 裘锡圭：《文字学概要》（修订本），北京：商务印书馆，2013 年，第 173 页。
② 李学勤主编：《字源》，天津：天津古籍出版社，2012 年，第 788 页。

按：此条疏释《卫风·硕人》"齿如瓠犀"之"犀"字训。齐，《字源》："象形字。……'齐'的造字本义就是谷穗整齐。后来泛指整齐。……引申为'等同'之义……又引申为'全部'之义。"① 妻，《字源》："会意字。甲骨文'妻'字从又持女发，会夺女（抢亲）为妻之意。"② 由此可见，"妻""齐"并无意义关联，故"齐"从"妻"声，并不一定有妻义，因此"栖"从"妻"声，也不一定有妻义。故马氏所言不够恰切。

（3）"文茵畅毂"……畅从易得声，故有长义。（卷十二·374 页）

按：此条疏释《秦风·小戎》"文茵畅毂"之"畅"字训。据马氏考证，"畅"即"畼"之隶变。畼，《说文》："不生也。从田，易声。"③ 易，据《字源》："会意字。像双手持器（有錾）向另一器（无錾）倾注液体之形。……易字本义当为倾注……引申为赐予……又引申为更易。"④ 故知"易"本无长义，马氏犯了"右文说"以偏概全的错误。

第四节　混淆破假借与寻语源

王念孙的《广雅疏证》已有强烈的意识去求语源，但仍不能将语源与假借明确区分开来。当然，这方面王念孙做得要比段玉裁高

① 李学勤主编：《字源》，天津：天津古籍出版社，2012 年，第 627 页。
② 李学勤主编：《字源》，天津：天津古籍出版社，2012 年，第 1089 页。
③ 汤可敬：《说文解字今释》，长沙：岳麓书社，1997 年，第 1990 页。
④ 李学勤主编：《字源》，天津：天津古籍出版社，2012 年，第 852–853 页。

明。"从清代以来，有很多人给方言、俗语里的词找本字。那些找得根本不对头的且不去说他，就是那些找得比较好的，所找到的也往往并不是真正的本字，而只是代表同源词的字。""古人没有接触过近代的语言学，不能把研究语源跟讲假借明确区分开来，这是情有可原的。"① 马氏同样混淆假借与语源。需要说明的是，清人所说的"假借"，是指用字假借，即今天所说的通假。

（1）"零露湑兮"……是《诗》作零者，多霝之假借。（卷十八·535 页）

按：此条疏释《小雅·蓼萧》"零露湑兮"之"零"字训。查《同源字典》知，"零""霝"为同源词②，而马氏将其误认为假借关系。

（2）"壹醉日富"……富之言畐也。（卷二十·635 页）

按：此条疏释《小雅·小宛》"壹醉日富"之"富"字训。马氏按语：

富之言畐也。《说文》："畐，满也。读若伏。"畐通作偪，《方言》："偪，满也。"又作愊，《广雅》："愊，满也。"醉则日自盈满，正与温克相反。③

"富之言畐"，反映的是马氏所处时代的语言学研究水平——"音近

---

① 裘锡圭：《文字学概要》（修订本），北京：商务印书馆，2013 年，第 194 页。
② 参见王力：《同源字典》，北京：商务印书馆，1982 年，第 329 页。
③ 马瑞辰：《毛诗传笺通释》，北京：中华书局，1989 年，第 635－636 页。

义通"的理论，做的基本是求语源的工作。马氏据《说文》《尔雅》来考证，欲说明"富"和"畐"义相通。然而，查《古代汉语通假字大字典》①知，"富"与"畐"是通假字关系，并非同源词关系。

（3）"颠沛之揭"……《传》盖以颠为槙之假借。（卷二十六·945页）

按：查《同源字典》知②，"颠""槙"为同源词，而马氏将其误认为假借关系。

（4）"不震不动"……《说文》："唇，惊也。""踳，动也。"音义并与震相近。（卷三十二·1179页）

按：此条疏释《商颂·长发》"不震不动"之"震"所系联的语词。"音义并与震相近"亦体现了马氏在求语源。查《古代汉语通假字大字典》③知，"唇""震"是假借关系，非同源关系。

总之，由于清代语言文字学的时代局限，马氏对语源的认识还不科学，导致他将本为同源词关系的字说成假借关系，本为假借的字又说成同源。

---

① 参见王海根编纂：《古代汉语通假字大字典》，福州：福建人民出版社，2006年，第226页。
② 参见王力：《同源字典》，北京：商务印书馆，1982年，第469页。
③ 参见王海根编纂：《古代汉语通假字大字典》，福州：福建人民出版社，2006年，第148页。

第五节　依声立说失之附会

"依声立说"是声训与生俱来的缺陷。上古文献中有很多声训，在人们不自觉的状态下，有的声训推求了同源词，有的声训通了转语，有的破了假借，有的则依声立说。比如"政，正也。子帅以正，孰敢不正"[①] 的声训，就是依声立说。之所以要依声立说，"孔子、孟子之所以搞声训，并不是为了语文学的目的，而是为了阐明自己的政治主张的"[②]。到了汉代，这种风气大大流行，以至于刘熙专门写一部这样的辞典《释名》。但由于汉代已经昧于语言声义结合的客观事实，又由于当时以声训宣传儒家思想的行为异常流行，故刘熙在这样的时代背景下，讲错很多词语也就可以理解了。清代学者对语言声义结合原理的理解，基本接近事实。但在具体训诂时，他们依然未能完全避免此种错误。下面举例说明马氏的依声立"说"。

（1）"嘒彼小星"……嘒之言慧也。（卷三·93 页）

按：此条为疏释《召南·小星》"嘒彼小星"之"嘒"字训。查《汉字古音手册》，嘒，晓质；慧，匣质，晓匣旁纽。[③] 马氏按语：

嘒之言慧也。《方言》："慧、憭，意精明也。"嘒盖状星之明

---

① 朱熹：《四书章句集注》，北京：中华书局，2011 年，第 130 页。

② 王力：《中国语言学史》，太原：山西人民出版社，1981 年，第 2 页。

③ 参见郭锡良：《汉字古音手册》（增订本），北京：商务印书馆，2010 年，第 229 页。

貌。《云汉》诗"有嘒其星"同义。《传》于此曰"微貌",于彼曰"众星貌",不免望文生义。①

据《字源》"嘒"②字条,《说文》"嘒,小声也"③的解释是正确的,而马氏不予采用,反而据《方言》"慧,意精明"的解释,附会出"嘒"为"星明"的意思。据《字源》"慧"④字条,《说文》"慧,儇也"⑤的解释也是正确的,和《方言》的解释并不冲突。马氏根据二字古音相近,又由"意精明"联想到"星明",从而训"嘒"为"慧",真可谓依声立"说"。

(2)"其啸也歌"……啸、歗二字,经典通用,而其本字则音同而义别。……《毛诗》作啸者,亦假借也。(卷三·95-96页)

按:此条为疏释《召南·江有汜》"其啸也歌"之"啸"字训。啸,心幽;歗,心幽。马氏按语:

此章"其啸也歌",则当为媵自指,谓其感德而啸歌也。……啸、歗二字,经典通用,而其本字则音同而义别。啸者,吹声,悲声也。……歗者,吟也,与《说文》叹字训吟,"谓情有所欲,吟叹而歌"同义,乐声也。此诗"其啸也歌",当从《说文》引作"歗"。《毛诗》作啸者,亦假借也。《笺》以啸为蹙口出声,又以指嫡,失其义矣。⑥

---

① 马瑞辰:《毛诗传笺通释》,北京:中华书局,1989年,第93-94页。
② 李学勤主编:《字源》,天津:天津古籍出版社,2012年,第85页。
③ 汤可敬:《说文解字今释》,长沙:岳麓书社,1997年,第192页。
④ 李学勤主编:《字源》,天津:天津古籍出版社,2012年,第929页。
⑤ 汤可敬:《说文解字今释》,长沙:岳麓书社,1997年,第1443页。
⑥ 马瑞辰:《毛诗传笺通释》,北京:中华书局,1989年,第96页。

据《字源》"啸""歗"二字实为异体字，①而马氏为了迁就自己对诗意的理解与发挥，附会出"啸，悲声""歗，乐声"的训释。

（3）"胡然而天也，胡然而帝也"，《传》："尊之如天，审谛如帝。"……盖谓充耳以瑱者宜其填实如天，摘发以掃者宜其审谛如帝。（卷五·174–175 页）

按：此条为疏释《鄘风·君子偕老》"胡然而天也，胡然而帝也"诗之"天""帝"之训。

《正义》引《春秋元命苞》"天之言瑱"、《春秋运斗枢》"帝之言谛"以释如天如帝之义。今按古人多借音为义，诗上言玉瑱、象掃，下即以天、帝为比。盖谓充耳以瑱者宜其填实如天，摘发以掃者宜其审谛如帝。②

马氏由"天""帝"的语音联想到上章的"玉瑱、象掃"之"瑱""掃"，便认为"瑱""掃"由"天""帝"得名，亦可谓依声立"说"。另外，马氏言"古人多借音为义"，其实说的是同源词的分化。

---

① 参见李学勤主编：《字源》，天津：天津古籍出版社，2012 年，第 770 页。
② 马瑞辰：《毛诗传笺通释》，北京：中华书局，1989 年，第 175 页。

结　语

　　《通释》一书声训的研究成果，目前来看并不丰富，与其作为训诂学名著及《诗经》学名著的地位颇不相称。本书以内涵较少而外延较多的声训概念为研究的理论基础，对《通释》一书的声训条目进行多角度考察，以期展现《通释》一书的声训的特点、价值及不足。

　　《通释》一书博采众长、融会贯通，故研究其声训，须将马氏本人的声训条目与吸收他人的声训条目区分开来。只有这样，研究结论才更接近事实。在吸收他人的声训成果时，《通释》主要吸收当代（清代）学者的声训成果，对前代的声训成果则是有选择地吸收。通过对这些条目的分析可知，此书吸收的大多是乾嘉考据学者的成果，由此可知马氏的学术构成和传承，即直承乾嘉考据学。但相较其他乾嘉学者而言，马氏又表现出无门户之见、宏通的治学理念。

　　《通释》成书距今已近二百年。学术固有发展，马氏没有接触过近代语言学，对一些概念的认识还很模糊，因此必然会有一些问题讲不清楚，甚至讲错。根据现代语言学理论去重新打量认识《通释》一书的声训，不但有助于了解此书的声训特点及其得失，而且本应是研究传统语言文字学所必需的工作。此部分分音、形、义三个方面来分析声训条目的训释词与被训释词的关系。在声训的语音条件方面，马氏很重视语音相同相近这一基本原则。从《通释》一书零星的叙述来看，马氏对上古音学是有较为深入的研究的。但文献不足征，马氏在书中又无具体而明确的交代，故无法考知马氏古音学的完整体系，只能通过对其声训条目进行考察，获得零星的认识。马氏在进行声训时当有自己的一套语音标准，当然此标准相较于今天的古音体系，自有差异。字形关系方面，训释词和被训释词可分为分化字、异体字、古今字、无字形关系。语义关系亦可分为三种：同源词关系、同义词关系、无语义关系。

考据学素有繁琐之弊，不明体例，更为难读。《通释》有全书体例，具体到声训，亦有其自身特有体例。明确声训条目的体例，有助于准确理解作者原意，避免误读。此部分可分四个方面：先列结论后论证；先论证后下结论；边论证边下结论；无确切证据而以语气词"盖"表述自己的观点。有关其考据方法，自是声训研究题中应有之义。声训如无文献佐证，其可信度便大大降低。此章分为内证、旁证两大方面。内证有两方面：一是据《毛诗》，二是据《三家诗》。旁证亦有两方面：一是据字书、辞书，二是据其他古书。

《通释》声训对前人的突破可分为四个方面：对两周铜器铭文的运用；利用声训破假借，本字观念比前人更具灵活性；创获双声作为判断声训成立的语音条件；利用声训正确训释虚词。最后是《通释》声训的不足，分为五个方面：考据的不足、破假借的不足、混淆假借与语源、因袭"右文说"之误、依声立"说"失之附会。

总之，《通释》一书的声训，不但在训释方法上，而且在创立新解方面都有一些突破，从而在《诗经》的训释上取得巨大成就。马氏继承并发扬前人的研究成果和研究方法，并取得突破，为整理训释经文、《毛传》、《郑笺》、《孔疏》以及《三家诗》本文，作出了卓越贡献。然而，由于时代局限，马氏对一些概念的认识较为模糊，所以在使用声训时仍存在一些不足。虽有上述不足，却并不影响其在《诗经》学史上的地位。他的声训理论依然值得我们认真研究、总结和继承，其声训实践也必将对今后的《诗经》研究产生重要影响。

附录

程俊英、蒋见元《诗经注析》
引《通释》声训条目汇纂

〇

　　《诗经注析》是目前最为流行的通行本之一。既有训诂考据之严谨扎实，又有艺术评析之精到简洁。就其训诂来说，多采自清代考据之作，而取于《通释》者尤多。现将其采自《通释》声训者作一辑录，或可从一个侧面反映《通释》一书声训的价值。《诗经注析》所用版本为中华书局 2017 年第一版，附录所列页码为此版本之页码。

　　1. 第 7 – 8 页：《周南·关雎》
　　马瑞辰《毛诗传笺通释》："乐，古音读劳来之劳，故与芼韵。"

　　2. 第 9 页：《周南·葛覃》
　　于，助词（从马瑞辰说）。

　　3. 第 12 页：《周南·卷耳》
　　马瑞辰《通释》："嗟为语词。嗟我怀人，犹言我怀人也。"

　　4. 第 17 页：《周南·螽斯》
　　马瑞辰《通释》："古文宜作宐。窃谓宜从多声，即有多义。宜尔子孙，犹云多尔子孙也。"

5. 第 19 页：《周南·桃夭》

马瑞辰《通释》："宜与仪通。《尔雅》：'仪，善也。'凡《诗》云宜其室家、宜其家人者，皆谓善处其室家与家人耳。"

6. 第 21 页：《周南·兔罝》

肃是缩的假借字。……马瑞辰《通释》："兔罝本结绳为之，言其结绳之状则为缩缩。缩缩为兔罝结绳之状，犹赳赳为武夫勇武之貌也。"

7. 第 29 页：《周南·汝坟》

坟是濆的假借字……马瑞辰《通释》："坟通作濆。《方言》：'坟，地大也。青、幽之间，凡土而高且大者谓之坟。'李巡《尔雅注》：'濆谓崖岸，状如坟墓，名大防也。'是知水崖之濆与大防之坟为一。"

8. 第 46 页：《召南·行露》

马瑞辰《通释》："谓疑畏之假借。凡诗上言'岂不'、'岂敢'者，下句多言畏。《大车》诗：'岂不尔思？畏子不敢。岂不尔思，畏子不奔。'《出车》诗：'岂不怀归？畏此谴怒。岂不怀归？畏此反覆。'僖二十年《左传》引此诗，杜注：'言岂不欲早暮而行，惧多露之濡己。'以惧释谓，似亦训谓为畏。"

9. 第 49 页：《召南·羔羊》

革，鞃的假借字，皮袍里子。……马瑞辰《通释》："古者裘皆表其毛，而为之里以附于革谓之鞃。《诗》'羔羊之皮，素丝五紽'，皮言其表也。'羔羊之革，素丝五緎'，革言其里也。'羔羊之缝，素丝五总'，合言其表与里也。"

10. 第 54 页：《召南·摽有梅》

谓，会的假借字（从马瑞辰《通释》说）。

11. 第 64 页：《召南·驺虞》

马瑞辰《通释》："壹发五犯，壹发五豵，二'壹'字皆发语词。"

12. 第 71 页：《邶风·柏舟》

马瑞辰《通释》："此诗静字宜用本义，训宷。言为语词，静言思之，犹云审思之也。"

13. 第 76 页：《邶风·燕燕》

马瑞辰《通释》："差池二字叠韵，义与参差同，皆不齐之貌。"

14. 第 88 页：《邶风·击鼓》

马瑞辰《通释》："活，当读为'曷其有佸'之佸。《毛传》：'佸，会也。'佸为会至之会，又为聚会之会。承上'阔兮'为言，故云不我会耳。"

15. 第 98 页：《邶风·匏有苦叶》

马瑞辰《通释》："按卬者，姎之假借。《说文》：'姎，妇人自称我也。'《尔雅》郭注：'卬，犹姎也。'卬、姎声近通用，亦为我之通称。"

16. 第 101 页：《邶风·谷风》

马瑞辰《通释》："《广雅·释诂》：'怨、悼，很也。'《韩诗》盖以违为悼之假借，故训为很。很亦恨也。《书·无逸》：'民否则厥心违怨。'违与怨同义，中心有违犹云中心有怨。"

17. 第104－105页：《邶风·谷风》

马瑞辰《通释》："愒与雠对，当读如畜好之畜。《孟子》：'畜君者，好君也。'《文子》亦云：'善即吾畜也，不善即吾雠也。'《说苑》引孔子曰：'以道导之则吾畜也，不以道导之则吾雠也。'并以畜与雠对举，与《诗》文同。畜者，愒之省借。《广雅》：'媰，好也。'《说文》：'媰，媚也。'媚亦悦好之义。……《说文》引《诗》'能不我愒'，与《芄兰》诗'能不我知'、'能不我甲'句法相同。能不我愒承上章而言，犹云乃不我畜也。"

18. 第106页：《邶风·谷风》

马瑞辰《通释》："爱，正字作恶。《说文》：'恶，惠也。愍，古文。'是愍即古文爱字。此诗塈疑即愍之假借。伊余来塈，犹言'维予是爱'也。仍承'昔者'言之。"

19. 第109页：《邶风·旄丘》

马瑞辰《通释》："之，犹其也。何诞之节，犹云何诞其节也。"

20. 第113页：《邶风·简兮》

马瑞辰《通释》："俣、扈音近，美与大亦同义，故扈扈训美，又训大。"

21. 第117页：《邶风·泉水》

马瑞辰《通释》认为沛是济字的或体，济即济水。

22. 第 118 页：《邶风·泉水》

马瑞辰《通释》："瑕、遐古通用。遐之言胡，胡、无一声之转。……凡《诗》言不遐有害，不遐有愆，不遐犹云不无，疑之之词也。"

23. 第 118 页：《邶风·泉水》

马瑞辰《通释》："按兹即滋也。兹之永叹，犹《常棣》诗'况也永叹'，况亦滋也。《说文》：'滋，益也。'字通作兹。"

24. 第 121 页：《邶风·北门》

马瑞辰《通释》："谓犹奈也。谓之何哉，犹云'奈之何哉'。《齐策》曰：'虽恶于后王，吾独谓先王何乎？'高注：'谓犹奈也。'是其证矣。"

25. 第 124 页：《邶风·北门》

马瑞辰《通释》："喈当作湝，又通凄。"

26. 第 126 页：《邶风·静女》

马瑞辰《通释》："《郑》诗'莫不静好'，《大雅》'笾豆静嘉'，皆以静为靖之假借。此诗静女亦当读靖，谓善女。"

27. 第 140 页：《鄘风·君子偕老》

马瑞辰《通释》："此诗三'之'字皆当训其，犹云玉其瑱也、象其揥也、扬其晳也。"

28. 第 147 页：《鄘风·鹑之奔奔》

马瑞辰《通释》："《说文》奔从夭从贲省声，是奔本以贲得声，故通用。"

29. 第 166 页：《鄘风·载驰》

马瑞辰《通释》："《一切经音义》引《韩诗》曰'控，赴也'是也。赴、讻古通用。"

20. 第 170 页：《卫风·淇奥》

马瑞辰《通释》："《说文》：'蕿，令人忘忧之草也。'或从煖作薆，或从宣作萱，引《诗》'安得蕿草'。今《毛诗》作谖草，谖即蕿及薆、萱之假借。是知凡《诗》作谖训'忘'者，皆当为蕿及薆、萱之假借。若谖之本义，自为'诈'耳。"

31. 第 172 页：《卫风·淇奥》

马瑞辰《通释》："虐之言剧，谓甚也。"

32. 第 174 页：《卫风·考盘》

马瑞辰《通释》："薖音近窠，《说文》：'窠，空也。'"

33. 第 193 页：《卫风·竹竿》

马瑞辰《通释》："按古音右与母为韵，当从《唐石经》及明监本作'远兄弟父母'。"

34. 第 216 页：《王风·君子阳阳》

马瑞辰《通释》："敖，疑当读为《鷔夏》之鷔。《周官·钟师》：奏《九夏》。其九为《鷔夏》。"

35. 第 234 页：《王风·丘中有麻》

马瑞辰《通释》：“留、刘古通用，薛尚功《钟鼎款识》有《刘公簠》，《积古斋钟鼎款识》作《留公簠》。”

36. 第 243 页：《郑风·叔于田》

马瑞辰《通释》：“服者，犕之假借。《易·系辞》‘服牛乘马’，《说文》引作‘犕牛乘马’。《玉篇》：‘犕犹服也。以鞍装马也。’”

37. 第 246 页：《郑风·大叔于田》

马瑞辰《通释》：“磬控双声字，纵送叠韵字，皆言御者驰逐之貌。”

38. 第 260 页：《郑风·山有扶苏》

马瑞辰《通释》：“且当为伹字之省借……狂且，谓狂行拙钝之人。”

39. 第 277 页：《郑风·出其东门》

马瑞辰《通释》：“员当读如‘婚姻孔云’之云。彼《笺》云：‘云犹友也。’有与友同。诗言不相亲者，云‘亦莫我有’，则言其相亲有者，宜曰‘聊乐我员’矣。”

40. 第 282 页：《郑风·溱洧》

又古代勺与约同声，芍药是双声词，情人借此表爱和结良约的意思（从马瑞辰《通释》说）。

41. 第 282 页：《郑风·溱洧》

将谑，马瑞辰《通释》：“将谑犹相谑也。”

42. 第 285 页：《齐风·鸡鸣》

马瑞辰《通释》："予、与古今字。……与，犹遗也。遗，犹贻也。"

43. 第 300 页：《齐风·卢令》

据马瑞辰考证，权是擢字之讹，擢是拳字异体，即"拳勇"之意。

44. 第 307 页：《齐风·猗嗟》

马瑞辰《通释》："按懿、抑古通用。《抑》诗《外传》作《懿》是也。《释诂》、《诗·烝民》《传》皆曰：懿，美也。"

45. 第 308 页：《齐风·猗嗟》

马瑞辰《通释》："名、明古通用，名当读明，明亦昌盛之义。……三章首句皆赞美其容貌之盛大。"

46. 第 325 页：《魏风·硕鼠》

马瑞辰《通释》认为硕是鼫的假借字，硕鼠即鼫鼠，亦通。

47. 第 329 – 330 页：《唐风·蟋蟀》

马瑞辰《通释》："《尔雅·释诂》：'职，常也。'常从尚声，故职又通作尚。《秦誓》'亦职有利哉'，《大学》引作'尚亦有利哉'，《论衡》引作'亦尚有利哉'。……窃谓此当训尚。"

48. 第 336 页：《唐风·扬之水》

马瑞辰《通释》："鹄，古通作皋，泽也、皋也、沃也，盖析言则异，散言则通。三家《诗》从本字作皋，毛诗假借作鹄，非曲沃之旁别有邑名鹊也。"

49. 第347页：《唐风·鸨羽》

马瑞辰《通释》："《尔雅·释诂》：'栖、憩、休、苦，息也。'苦即盬之假借。"

50. 第351页：《唐风·有杕之杜》

马瑞辰《通释》："曷训何，亦为何不。"

51. 第365页：《秦风·小戎》

马瑞辰《通释》："……《说文》易字注：'一曰长也。'暘从易得声，故有长义。"

52. 第367页：《秦风·小戎》

马瑞辰《通释》："方之言将也。'方何为期'，犹云'将何为期'也。"

53. 第371页：《秦风·蒹葭》

马瑞辰《通释》："方、旁古通用，一方即一旁也。"

54. 第376页：《秦风·黄鸟》

马瑞辰《通释》："《柏舟》诗'实维我特'，《传》：'特，匹也。'匹之言敌也，当也。"

55. 第406页：《陈风·月出》

马瑞辰《通释》解释舒为发声字，亦通。

56. 第 420 页：《桧风·匪风》

马瑞辰《通释》："周之言稠。《广雅》：'稠，大也。'周道又为通道，亦大道也。凡《诗》周道，皆谓大路。"

57. 第 424 页：《曹风·蜉蝣》

马瑞辰《通释》："于之言与也，凡相于者，犹相与也，如《孟子》：'麒麟之于走兽'之类，于，即与也。忧蜉蝣之于我归处，以言我将与浮游同归也。"

58. 第 449 页：《豳风·鸱鸮》

马瑞辰《通释》："卒当读为顇，字通作悴。卒痒皆为病。"

59. 第 449 页：《豳风·鸱鸮》

马瑞辰《通释》："人面之焦枯曰醮顇，鸟羽之焦杀曰谯谯，其义一也。"

60. 第 476 页：《小雅·皇皇者华》

马瑞辰《通释》："骄与驹双声，古盖读骄如驹，以与濡、驱、诹合韵。后人据音以改字，遂作驹耳。"

61. 第 482 页：《小雅·常棣》

马瑞辰《通释》："生，语词也。"

62. 第 482 页：《小雅·常棣》

马瑞辰《通释》："以古音读之，醹与豆、具、孺韵正协，作饫则声入萧宵部。"

63. 第 486 页:《小雅·伐木》

马瑞辰《通释》:"《尔雅·释诂》:'神,慎也。慎,诚也。'神之,即慎之也。"

64. 第 490 页:《小雅·天保》

马瑞辰《通释》:"除、余古通用。《尔雅》'四月为余',《小明·诗笺》作'四月为除',是其证也。余、予古今字,余通为予我之予,即可通为赐予之予。'何福不除',犹云何福不予。"

65. 第 492 页:《小雅·天保》

马瑞辰《通释》:"《释诂》:'畀,予也。'畀与卜双声,卜训予者,或即畀之假借。"

66. 第 493 页:《小雅·天保》

马瑞辰《通释》:"为当读如'式讹尔心'之讹。讹,化也。遍为尔德,犹云遍化尔德也。为与化古皆读如讹,故为、讹、化古并通用。"

67. 第 500 页:《小雅·采薇》

马瑞辰《通释》:"《韩诗·薛君章句》曰:'依依,盛貌。'《毛诗》无传。据《车辇》诗'依彼平林'《传》:'依,茂木貌。'则依依亦当训盛,与《韩诗》同。依、殷古同声,依依犹殷殷,殷亦盛也。"

68. 第 515 页:《小雅·南有嘉鱼》

马瑞辰《通释》:"又,即今之右字。古右与侑、宥并通用。《彤弓》诗《毛传》:'右,劝也。'……此诗'嘉宾式燕又思',

'又'当即侑之假借,犹侑可通作右与宥耳。"

69. 第517页:《小雅·南山有台》

马瑞辰《通释》:"莱、釐、藜三字古同声通用……莱草多生荒地,后遂言莱以概诸草。"

70. 第527页:《小雅·彤弓》

马瑞辰《通释》认为:《广韵》:"况,喜也。""中心贶之",贶亦训喜,与下文"中心喜之""中心好之"同义。

71. 第530页:《小雅·菁菁者莪》

马瑞辰《通释》:"据《说文》:'菁,韭华也。''莪,草盛貌。'则当以莪为正字,菁为假借字。"

72. 第536页:《小雅·六月》

马瑞辰《通释》考证:"按《周官·司常》贾疏两引《诗》皆作'识文鸟章',识为正字,今作织者,假借字。或通作帜。"

73. 第555页:《小雅·吉日》

马瑞辰《通释》:"盖《韩诗》作駈駈者,假借字。作駥駥者正字。《毛传》作儦儦者正字,作俟俟者假借字也。"

74. 第563页:《小雅·沔水》

马瑞辰《通释》:"念与尼双声,尼,止也。故念亦有止义。莫肯念乱,犹言莫肯止乱也。"

75. 第 572 页：《小雅·白驹》

马瑞辰《通释》："《释文》：'贲，徐音奔。'奔、贲古通用。《诗》'鹑之奔奔'《表记》、《吕氏春秋》引《诗》俱作贲贲是也。《考工记·弓人》郑注：'奔犹疾也。'贲然，盖状马来疾行之貌。"

76. 第 579 页：《小雅·我行其野》

马瑞辰《通释》："旧姻，即弃妇，自称其家旧为夫所因也。"

77. 第 586 页：《小雅·斯干》

马瑞辰《通释》："仪又通作议，昭六年《左传》：'昔先王议事以制。'……今按妇人从人者也，不自度事以自专制，故曰无仪。"

78. 第 592 – 593 页：《小雅·节南山》

马瑞辰《通释》："据《说文》：'岩，崖也。''礹，石山也。'则岩岩乃礹礹之假借。"

79. 第 597 页：《小雅·节南山》

马瑞辰《通释》："鞠者簕之假借，《说文》：'簕，穷也。'又'趜，穷也。'并以双声取义。《说文》：'穷，极也。'讻当读如'日月告凶'之凶，谓凶咎也。鞠凶犹言极凶，与大戾同义，故皆为天所降。"

80. 第 603 页：《小雅·正月》

马瑞辰《通释》谓莠即丑之假借。

81. 第 615 页：《小雅·十月之交》

马瑞辰《通释》："碎崩与沸腾相对成文，即碎崩之假借。"

82.　第 619 页：《小雅·十月之交》

以居徂向，居，语助词，无义（用马瑞辰《通释》、杨树达《词诠》说）。

83.　第 633 页：《小雅·小旻》

马瑞辰《通释》："溃即遂之假借，溃、遂古声近通用。"

84.　第 633 – 634 页：《小雅·小旻》

马瑞辰《通释》："……止与至同义，至为大，则止亦为大矣。"

85.　第 636 页：《小雅·小宛》

马瑞辰《通释》："……悆与宛义亦同。"

86.　第 636 页：《小雅·小宛》

马瑞辰《通释》："戾者，厉之假借，……"

87.　第 653 页：《小雅·巧言》

马瑞辰《通释》："蛇蛇，即訑訑之假借。《广雅》：'訑，欺也。'《玉篇》：'訑，诡言也。'蛇蛇盖大言欺世之貌。"

88.　第 662 – 663 页：《小雅·巷伯》

马瑞辰《通释》："《说文》：'昌，聂语也。聂，附耳私小语也。'缉缉即昌昌之假借。《说文》：'谝，便，巧言也。'翩翩即谝谝之假借。诗言缉缉者，言之密也。翩翩者，言之巧也。"

89.　第 679 – 680 页：《小雅·大东》

马瑞辰《通释》："翕、吸音同通用，故《笺》训为引。《玉篇》

引《诗》正作'载吸其舌'。箕四星，二为踵二为舌，其形踵狭而舌广，故曰载翕其舌，以见其主于收敛也。"

90. 第 683 页：《小雅·四月》
马瑞辰认为废即瘵之假借。

91. 第 683 页：《小雅·四月》
马瑞辰《通释》："《尔雅·释诂》、《说文》并曰：'遘，遇也。'构者遘之假借。构祸犹云遇祸也。"

92. 第 691 页：《小雅·无将大车》
马瑞辰《通释》："颎音义与耿正同。《邶·柏舟》'耿耿不寐'《传》：'耿耿犹儆儆也。'《礼·少仪》注：'颎，警枕也。'儆、警《说文》并训戒。不出于颎即谓不出于儆戒之中。"

93. 第 694 页：《小雅·小明》
马瑞辰《通释》："除即《尔雅》'十二月为涂'之涂。戴震曰：'《广韵》：涂，直鱼切。与除同音通用。'方以智曰：'谓岁将除也。'"

94. 第 705 页：《小雅·楚茨》
马瑞辰谓稷是亟的假借。

95. 第 709 页：《小雅·信南山》
马瑞辰《通释》："节、倬皆为貌，则信亦南山貌也。古伸字借作信。"

96. 第 710 页：《小雅·信南山》

马瑞辰《通释》："《说文》：'霂，雨粟也。''粟，濡也。'足者浞之省借。《说文》：'浞，小濡貌也。'诗言瀀、渥、霂、足，四者义皆相近，均以言雨泽之霂濡耳。"

97. 第 714 页：《小雅·甫田》

马瑞辰《通释》："《传》、《笺》皆以齐盛释齐明，正以明为盛之假借。"

98. 第 716 页：《小雅·甫田》

马瑞辰《通释》："易与移一声之转。"

99. 第 727 页：《小雅·桑扈》

马瑞辰《通释》："皆、嘉一声之转，《广雅·释》言：'皆，嘉也。'乐胥犹言乐嘉，嘉亦乐也。"

100. 第 793 页：《小雅·何草不黄》

马瑞辰《通释》："有栈之车与有芃者狐皆形容之词。据《说文》：'栈，尤高也。从山，栈声。'则栈当为车高之貌。"

101. 第 797 页：《大雅·文王》

马瑞辰《通释》："时当读为承，时、承一声之转。……承者，美大之词，当读'文王烝哉'之烝。《释文》引《韩诗》曰：'烝，美也。'"

102. 第 801 页：《大雅·文王》

马瑞辰《通释》："载、事古音近通用。《尧典》'有能奋庸熙帝之载'，《史记·五帝本纪》载作事。"

103. 第811页：《大雅·绵》

马瑞辰《通释》："脄与饴、谋、龟、时、兹为韵。《毛诗》字虽作膴，其音亦当读如脄字，音梅。"

104. 第843页：《大雅·下武》

马瑞辰《通释》："求当读为逑。逑，匹也，配也。作求即作配耳。此言作配于周三王也。言王所以配于京者，由其可与世德作配耳。"

105. 第845页：《大雅·下武》

马瑞辰《通释》："哉与兹声同。"

106. 第869页：《大雅·既醉》

马瑞辰《通释》："有者，又也。言君子又为孝子也。"

107. 第880页：《大雅·公刘》

马瑞辰《通释》："《说文》：'匊，币遍也。'字通作'周'。带周于身，故舟得训带。"

108. 第914页：《大雅·抑》

马瑞辰《通释》："《尔雅》：'尚，右也。'右通作祐，祐者助也。弗尚，即弗右耳。"

109. 第926页：《大雅·桑柔》

将，戕的假借，扶助。马瑞辰《通释》："犹言天不扶助我耳。"

110.　第 930 页：《大雅·桑柔》

马瑞辰《通释》："《方言》：'猷，道也。'道之言导。导，通也，达也。秉心宣犹，言其持心明且顺耳。"

111.　第 943 页：《大雅·云汉》

马瑞辰《通释》："闻，当读问，问犹恤问也。"

112.　第 999 页：《周颂·维天之命》

马瑞辰《通释》："惠，顺也。骏，当为驯之假借，驯亦顺也。骏、惠二字平列，皆为顺。"

113.　第 1016 – 1017 页：《周颂·思文》

马瑞辰《通释》："牟麦为双声，来麦为叠韵，合牟来则为麦。焦氏循曰'麦为牟来之合声，犹终葵之为锥。牟来倒为来牟，方音相转，往往倒称'，其说是也。"

114.　第 1018 页：《周颂·臣工》

马瑞辰《通释》："臣工二字平列，犹官府之比。工与官双声，故官通借作工。《小尔雅》：'工，官也。'……臣工盖通指诸侯卿大夫言之。"

115.　第 1019 页：《周颂·臣工》

马瑞辰《通释》："至犹致也。迄用康年，犹云用致康年。"

116.　第 1023 页：《周颂·振鹭》

马瑞辰《通释》："终与众古通用。《后汉书·崔骃传》'岂可不庶几夙夜，以永众誉'，义本三家《诗》。"

117. 第 1030 页：《周颂·雝》

马瑞辰《通释》："宣之言显。显，明也。宣哲，犹言明哲也。"

118. 第 1035 页：《周颂·有客》

马瑞辰《通释》："按萋、且双声字，皆状从者之盛。《说文》：'萋，草盛也。'《韩诗章句》：'萋萋，盛也。'且与居同部义近。且且犹言裾裾。《荀子》杨倞注：'裾裾，盛服貌。'草之盛曰萋萋，服之盛曰裾裾，人之盛曰萋且，其义一也。"

119. 第 1041 页：《周颂·访落》

马瑞辰《通释》："判涣叠韵，字当读与《卷阿》诗'伴奂尔游矣'同。伴、奂皆大也，《说文》：'伴，大貌。''奂'字注：'一曰，大也。'……继犹判涣，言当谋其大者。"

120. 第 1055 页：《周颂·丝衣》

马瑞辰《通释》："畿之言期限也。期、萁、基古同音。故畿可借作基。"

121. 第 1061 页：《周颂·賚》

马瑞辰《通释》："按时与承一声之转，古亦通用。《楚策》：'仰承甘露而用之。'《新序》承作时，是其证也。周受天命，而诸侯受封于庙者，又将受命于周。时周之命，即承周之命也。《般》诗'时周之命'同义。此谓诸侯受命于庙，彼谓巡守而诸侯受命于方岳也。"

122. 第 1069 - 1070 页：《鲁颂·有駜》

马瑞辰《通释》："明、勉一声之转，明明即勉勉之假借，谓其在公尽力也。《笺》训为'明明德',失之。"

123. 第1081页:《鲁颂·閟宫》

马瑞辰《通释》:"按虞与误古同音通用。……《广雅·释诂》:'虞,欺也。'误亦欺也。"

124. 第1081页:《鲁颂·閟宫》

马瑞辰《通释》:"此诗敦亦当读屯,屯,聚也。盖自聚其师旅为聚,俘虏敌之士众,亦为屯聚之也。"

125. 第1083页:《鲁颂·閟宫》

耳耳,尔尔的假借,华丽貌。马瑞辰《通释》:"《说文》:尔,丽尔。犹靡丽也。单言'尔'亦为盛,重言之则曰尔尔。"

126. 第1086页:《鲁颂·閟宫》

马瑞辰《通释》:"试,犹式也,字通作视,《广雅》:视,比也。比之言比拟也。寿胥与试,承黄发台背言,犹云寿相与比耳。"

127. 第1094页:《商颂·那》

马瑞辰《通释》:"假与格一声之转,故通用。假者,徦之假借,格者,佫之假借。汤孙奏假,皆祭者致神之谓也。《小尔雅》、《说文》并曰:'奏,进也。'上致乎神曰奏假。"

128. 第1106页:《商颂·长发》

马瑞辰《通释》:"骏与恂,庬与蒙,古并声近通用。为下国恂蒙,犹云为下国庇覆耳。"

129. 第 1109 页：《商颂·长发》

马瑞辰《通释》："伊尹即阿衡之转，故《毛传》以阿衡为伊尹，《笺》亦以阿衡为官名。"

130. 第 1112－1113 页：《商颂·殷武》

马瑞辰《通释》："《说文》：'僭，拟也。'僭之本义为以下拟上，引申之为过差。滥者嬂之假借，《说文》：'嬂，过差也。'僭、滥二字同义。"

参考文献

专著类：

[1] 阮元校刻：《十三经注疏》，北京：中华书局，1980 年。

[2] 赵尔巽等：《清史稿》，北京：中华书局，1977 年。

[3] 许慎撰，段玉裁注：《说文解字注》，上海：上海古籍出版社，1981 年。

[4] 费尔迪南·德·索绪尔著，沙·巴利、阿·薛施蔼、阿·里德林格合作编印，高名凯译，岑麒祥、叶蜚声校注：《普通语言学教程》，北京：商务印书馆，1980 年。

[5] 裘锡圭：《文字学概要》（修订本），北京：商务印书馆，2013 年。

[6] 王力：《同源字典》，北京：商务印书馆，1982 年。

[7] 李学勤主编：《字源》，天津：天津古籍出版社，2012 年。

[8] 李孝定编述：《甲骨文字集释》，台北："中央研究院"历史语言研究所，1970 年。

[9] 容庚：《金文编》，北京：中华书局，1985 年。

[10] 王念孙：《广雅疏证》，南京：江苏古籍出版社，1984 年。

[11] 江庆柏：《清朝进士题名录》，北京：中华书局，2007 年。

[12] 支伟成：《清代朴学大师列传》，长沙：岳麓书社，1986 年。

［13］李澍田主编，萨英额等撰：《吉林外纪　吉林志略》，长春：吉林文史出版社，1986 年。

［14］王钟翰点校：《清史列传》，北京：中华书局，1987 年。

［15］马瑞辰：《毛诗传笺通释》，北京：中华书局，1989 年。

［16］洪诚：《洪诚文集》，南京：江苏古籍出版社，2000 年。

［17］徐中舒：《甲骨文字典》，成都：四川辞书出版社，1988 年。

［18］何耿镛：《古代汉语的假借字》，福州：福建人民出版社，1989 年。

［19］戴震：《戴震全书》，合肥：黄山书社，1994 年。

［20］王宁：《训诂学原理》，北京：中国国际广播出版社，1996 年。

［21］蒋见元、朱杰人：《诗经要籍解题》，上海：上海古籍出版社，1996 年。

［22］梁启超著，汤志钧、汤仁泽编：《梁启超全集》，北京：中国人民大学出版社，2018 年。

［23］汤可敬：《说文解字今译》，长沙：岳麓书社，1997 年。

［24］黎千驹：《训诂方法与实践》，桂林：广西师范大学出版社，1997 年。

［25］漆永祥：《乾嘉考据学研究》，北京：中国社会科学出版社，1998 年。

［26］王力：《古代汉语》，北京：中华书局，1999 年。

［27］王力：《王力古汉语字典》，北京：中华书局，2000 年。

［28］何九盈：《中国古代语言学史》，广州：广东教育出版社，2000 年。

［29］洪湛侯：《诗经学史》，北京：中华书局，2002 年。

［30］胡承珙：《续修四库全书·毛诗后笺》（第 67 册），上海：

上海古籍出版社，2002 年。

　[31] 王引之：《经义述闻》，上海：上海古籍出版社，2002 年。

　[32] 马其昶：《桐城耆旧传》，合肥：黄山书社，2013 年。

　[33] 胡承珙：《求是堂文集》，上海：上海古籍出版社，
2002 年。

　[34] 唐作藩：《音韵学教程》，北京：北京大学出版社，
2002 年。

　[35] 王俊义：《清代学术探研录》，北京：中国社会科学出版
社，2002 年。

　[36] 宗福邦、陈世铙、萧海波主编：《故训汇纂》，北京：商
务印书馆，2003 年。

　[37] 陈初生编纂，曾宪通审校：《金文常用字典》，西安：陕
西人民出版社，2004 年。

　[38] 郭芹纳：《训诂学》，北京：高等教育出版社，2017 年。

　[39] 刘兴隆：《新编甲骨文字典》，北京：国际文化出版公司，
2005 年。

　[40] 王海根编纂：《古代汉语通假字大字典》，福州：福建人
民出版社，2006 年。

　[41] 方向东：《孙诒让训诂研究》，北京：中华书局，2007 年。

　[42] 张桁主编：《通假大字典》，哈尔滨：黑龙江人民出版社，
1993 年。

　[43] 戴震著，杨应芹整理：《东原文集》（增编），合肥：黄山
书社，2008 年。

　[44] 黎千驹：《现代训诂学导论》，武汉：华中师范大学出版
社，2008 年。

　[45] 徐无闻主编：《甲金篆隶大字典》，成都：四川辞书出版
社，2008 年。

［46］本书编写组：《甲金篆隶大字典》，成都：四川辞书出版社，2010 年。

［47］何海燕：《清代〈诗经〉学研究》，北京：人民出版社，2011 年。

［48］梁启超：《中国近三百年学术史》（新校本），北京：商务印书馆，2011 年。

［49］顾炎武：《音学五书》，北京：中华书局，1982 年。

［50］万献初：《音韵学要略》（第二版），武汉：武汉大学出版社，2012 年。

［51］郭锡良：《汉字古音手册》（增订本），北京：商务印书馆，2010 年。

［52］程俊英：《诗经译注》，上海：上海古籍出版社，2012 年。

［53］屈万里：《诗经诠释》，台北：联经出版事业股份有限公司，1983 年。

［54］王力：《清代古音学》，北京：中华书局，2013 年。

［55］季旭昇：《诗经古义新证》，北京：学苑出版社，2001 年。

［56］滕志贤：《〈诗经〉与训诂散论》，上海：上海人民出版社，2008 年。

［57］洪文婷：《〈毛诗传笺通释〉析论》，台北：文津出版社，1993 年。

［58］江藩撰，周春健校注：《经解入门》，上海：华东师范大学出版社，2010 年。

［59］毛亨传，郑玄笺，孔颖达疏，朱杰人、李慧玲整理：《毛诗注疏》，上海：上海古籍出版社，2013 年。

［60］张宗祥辑录，曹锦炎点校：《王安石〈字说〉辑》，福州：福建人民出版社，2005 年。

［61］张永言：《训诂学简论》（增订本），上海：复旦大学出版

社，2015 年。

［62］郭在贻：《训诂学》，长沙：湖南人民出版社，1986 年。

［63］郭芹纳：《训诂学》，北京：高等教育出版社，2017 年。

［64］刘熙撰，毕沅疏证，王先谦补，祝敏彻、孙玉文点校：《释名疏证补》，北京：中华书局，2021 年。

［65］戴震研究会、徽州师范专科学校、戴震纪念馆编纂：《戴震全集》，北京：清华大学出版社，1997 年。

［66］江庆柏：《清朝进士题名录》，北京：中华书局，2007 年。

［67］高亨注：《诗经今注》，上海：上海古籍出版社，1980 年。

［68］朱骏声：《说文通训定声》，北京：中华书局，2016 年。

［69］韦昭注，徐元诰集解，王树民、沈长云点校：《国语集解》，北京：中华书局，2019 年。

［70］刘立志：《〈诗经〉研究》，北京：中华书局，2011 年。

［71］王先谦撰，沈啸寰、王星贤点校：《荀子集解》，北京：中华书局，2013 年。

［72］高本汉著，董同龢译：《高本汉诗经注释》，上海：中西书局，2012 年。

论文类：

［1］王宁：《论形训与声训——兼谈字与词、义与训在实践中的区分》，《北京师范大学学报》（社会科学版），1989 年第 4 期。

［2］马景仑：《〈释名〉易字之训的语音分析》，《古汉语研究》，1991 年第 4 期。

［3］孙良朋：《古籍译注依据句法结构释义的一范例——读马瑞辰〈毛诗传笺通释〉》，《古籍整理研究学刊》，1993 年第 4 期。

［4］戴建华：《读〈毛诗传笺通释〉》，《固原师专学报》，1995 年第 3 期。

［5］郭全芝：《〈毛诗传笺通释〉语言研究倾向》，《淮北煤炭师范学院学报》，2003 年第 2 期。

［6］李庆立、范知欧：《传统〈诗经〉学对怨诗的诠释与儒家"诗教"——以孔子、郑玄、朱熹、马瑞辰为例》，《中国文学研究》，2005 年第 2 期。

［7］丁晓丹：《试析马瑞辰〈毛诗传笺通释〉中对假借字的论说》，陕西师范大学硕士学位论文，2006 年。

［8］夏春莲：《〈毛诗传笺通释〉声训研究》，兰州大学硕士学位论文，2007 年。

［9］罗庆云：《〈诗经〉的介词"自"》，《诗经研究丛刊》，2007 年第 1 期。

［10］程莹：《马瑞辰〈毛诗传笺通释〉的训诂特色》，《乐山师范学院学报》，2007 年第 1 期。

［11］翟宇君：《浅析〈毛诗传笺通释〉明通假的方法》，《忻州师范学院学报》，2008 年第 4 期。

［12］孙永娟：《〈郑笺〉对〈毛诗传笺通释〉的影响》，《北方论丛》，2008 年第 2 期。

［13］李书良：《浅论因声求义法的使用——以〈毛诗传笺通释〉为例》，《科教文汇》（中旬刊），2008 年第 3 期。

［14］袁莹：《马瑞辰〈毛诗传笺通释〉内证研究》，北京师范大学硕士学位论文，2009 年。

［15］何海燕：《马瑞辰生卒年考辨》，《中国典籍与文化》，2009 年第 3 期。

［16］孔德凌：《〈毛诗传笺通释〉勘误八则》，《图书馆理论与实践》，2010 年第 5 期。

［17］孙向召：《马瑞辰〈诗经〉学研究》，《宁夏师范学院学报》，2010 年第 5 期。

［18］任树民、李秋：《马瑞辰谪戍东北考辨》，《黄河科技大学学报》，2010 年第 3 期。

［19］郭全芝：《清代〈诗经〉三家新疏异同》，《河北师范大学学报》（哲学社会科学版），2011 年第 2 期。

［20］吕莎莎：《马瑞辰及其〈毛诗传笺通释〉研究》，山东大学硕士学位论文，2011 年。

［21］相宇剑：《〈毛诗传笺通释〉的修辞学贡献》，《景德镇高专学报》，2011 年第 1 期。

［22］方芳：《马瑞辰〈诗〉学理论研究》，《鸡西大学学报》，2011 年第 9 期。

［23］任树民：《〈毛诗传笺通释〉成书过程及马瑞辰生年考——兼与何海燕博士商榷》，《兰州学刊》，2011 年第 7 期。

［24］李玲玲：《〈毛诗传笺通释〉训诂研究》，吉首大学硕士学位论文，2012 年。

［25］任树民：《马瑞辰、姚莹交游考述》，《宜宾学院学报》，2012 年第 1 期。

［26］任树民：《〈毛诗传笺通释〉与〈毛诗解谊〉》，《文献》，2012 年第 3 期。

［27］王承略、郭超颖：《马瑞辰〈毛诗传笺通释〉的内容体例与礼学价值》，《衡水学院学报》，2015 年第 6 期。

［28］于春莉：《桐城经学家马瑞辰著述考》，《安庆师范学院学报》（社会科学版），2015 年第 3 期。

［29］郭全芝：《从经学到近代语言学的过渡——马瑞辰的〈毛诗传笺通释〉》，《古籍研究》，2015 年第 2 期。

［30］于春莉：《桐城经学家马瑞辰交游考述》，《兰台世界》，2016 年第 8 期。

［31］田黎星：《马瑞辰〈毛诗传笺通释〉的训诂方法与特点探

析》,《贵州大学学报》(社会科学版),2016 年第 5 期。

　　〔32〕于春莉:《清代桐城学术文化与马瑞辰〈诗经〉学研究》,《学术界》,2016 年第 3 期。

　　〔33〕何海燕:《〈毛诗传笺通释〉对〈诗经〉文学阐释的贡献》,《黔南民族师范学院学报》,2018 年第 3 期。

　　〔34〕于春莉:《论马瑞辰〈诗经〉研究的文学性》,《江淮论坛》,2018 年第 6 期。

　　〔35〕陈兵兵:《敦煌〈毛诗〉写卷与马瑞辰〈毛诗传笺通释〉互证例释》,《敦煌研究》,2019 年第 1 期。

后　记

　　这部写成于八年前的书稿，现在得以出版，我的心情是很激动的。而追忆书稿的写作过程，也很令人感慨。那时在南京师范大学跟随刘立志师读《诗经》，刘老师让我选一部清代的《诗经》训诂著作作为入门之书。我正读梁启超的《中国近三百年学术史》，不迟不早，当天便读到梁启超论胡、马、陈三书，立即便定下马书。

　　翻开《通释》，我很吃惊。以前从未读过这样的书，完全读不懂。当然是少见多怪，但的确开了眼界。随着阅读，便了解到了声训。而声训涉及音韵学，一个中文系很多人都不愿意碰的领域。真是那句俗话：初生牛犊不怕虎。我决定做《通释》的声训研究。

　　过程自然是艰辛的。除了刘老师的悉心指导外，方向东老师、刘冠才老师、徐朝东老师，这些训诂学、音韵学专家也给了我一些帮助。虽然在老师们的鼓励下，我没有放弃，但结果并不尽如人意。由于我对音韵学的了解并未深入，因而这部书稿只是以声训为切入点，以文献学为框架，论述一些问题，而非音韵学上的专论。既然如此，所论不免肤浅。希望利用这次机会，求教方家，以期在治学的道路上更进一步。

葛光辉

2023 年 6 月